Comment
OCCUPER ET AMUSER
VOS ENFANTS

Données de catalogage avant publication (Canada)

Lamarre, Johanne
  Comment occuper et amuser vos enfants
  ISBN 2-7604-0337-8
  1. Artisanat. 2. Activités dirigées. I. Titre.
TT160.L35 1988   745.5   C88-096515-0

Photo de la page couverture : Top création studios / G. Dutil

ISBN 2-7604-0337-8

Dépôt légal : quatrième trimestre 1988

IMPRIMÉ AU CANADA

JOHANNE LAMARRE

Comment
OCCUPER ET AMUSER
VOS ENFANTS

illustrations : Johanne et Joseph Lamarre

Stanké

REMERCIEMENTS

Merci à vous toutes !
Danielle, Francine, Ginette, Hélène, Louise, Lucille, Madeleine, Manon, Marie, Micheline, Patsy, Charlotte et toutes les autres personnes qui ont contribué à enrichir ce livre de nouvelles idées.

Merci Joseph, pour ta précieuse collaboration, tes conseils et ton appui constant.

Merci Jonathan et Mélodie d'avoir testé des dizaines d'activités dans la bonne humeur.

À vous tous merci pour votre enthousiasme, vos encouragements et votre précieuse amitié.

*Pour tous les parents,
afin qu'ils découvrent dans
leur métier d'éducateur une
passion semblable à celle des
jardiniers qui cultivent des
roses.*

TABLE-GUIDE

COMMENT UTILISER LES SYMBOLES DE VÉRIFICATION

Chaque chapitre est associé à un petit symbole de vérification, par exemple un soleil.

Ce symbole se trouve toujours à droite du texte. Au début de chaque chapitre, on voit ce symbole complété à la droite du titre.

Puis le début de ce symbole accompagne chaque idée.

Dans le cas du symbole soleil, il suffit d'ajouter un rayon à chaque fois que l'on a utilisé l'idée correspondante.

Après un certain temps, on peut ainsi trouver facilement les activités les plus aimées (elles auront le plus de rayons ☼) celles qui ont étés utilisées moins souvent (☼)
et celles qui n'ont pas encore étés essayées (☺).
Cela vous servira d'aide-mémoire et facilitera vos consultations.

J'espère grandement que ces idées seront un bon stimulant pour l'imagination et que vous ajouterez votre touche personnelle à chacune de ces activités. C'est pourquoi il y a toujours une page réservée à la fin de chaque chapitre pour inscrire vos propres trouvailles.

DES IDÉES D'ACTIVITÉS INTÉRIEURES

DES IDÉES D'ACTIVITÉS INTÉRIEURES

1- LES ARTS PLASTIQUES

☐ Colorier :
— dans un cahier à colorier
— avec des crayons de cire, faire une mosaïque de couleurs. Recouvrir d'une couche de crayon de cire noir ou de gouache noire, puis gratter un dessin qui apparaîtra multicolore

☐ Dessiner :
— avec des crayons de cire, des crayons de bois
— avec des feutres, du fusain, des pastels
— à l'encre, à la mine de plomb
— décalquer
— sur un tableau

☐ Faire du dessin « magique »
agrafer une feuille de papier carbone entre deux feuilles de papier. L'enfant peut ainsi obtenir un double de son dessin

☐ Commencer un dessin que l'enfant doit compléter. Si on a plusieurs enfants, on peut utiliser du papier carbone pour obtenir plusieurs copies. On peut alors voir comment chaque enfant complète son dessin

☐ Peindre un joli tableau à encadrer par la suite

☐ Faire un dessin simple
coller de la laine sur la ligne, puis de la rochette multicolore au milieu. On peut se procurer cette rochette dans les magasins de jouets, les boutiques de matériel d'artiste ou dans les animaleries (eh oui ! la rochette d'aquarium...)

☐ Faire des impressions :
— avec un jeu d'estampes et un tampon encreur
— avec un jeu d'imprimerie
Voir la FICHE-BRICO sur les techniques d'impression

☐ Créer un poster ou une affiche sur un thème précis. On peut utiliser des rouleaux vides de papier essuie-tout ou de papier d'emballage pour tenir l'affiche

Technique :
1- choisir un rouleau plus large que l'affiche
2- pratiquer une fente légèrement plus large que l'affiche avec une lame « Exacto » (attention ! il ne faut pas fendre jusqu'aux extrémités du rouleau)
3- décorer les rouleaux avec une peinture acrylique brillante
4- insérer l'affiche dans les fentes et suspendre le tout

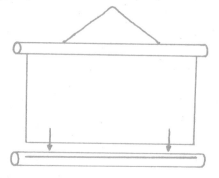

☐ Demander à l'enfant de s'étendre sur une grande feuille de papier et tracer une ligne autour de son corps. Ensuite il se dessine et ajoute les vêtements. On peut aussi faire le contour de la main seulement et l'enfant ajoute des bagues

☐ Peindre :
— avec de la peinture aux doigts
— avec du « Jello » et les doigts (à essayer une première fois lorsque les enfants sont couchés ! Oui, au départ la gélatine doit être figée...)
— avec de la gouache
— avec de la peinture par numéros
— en utilisant des pochoirs
— à l'aquarelle
— des figurines de céramique
— sur des galets

☐ Peindre à la bruine
avec une brosse à dents, un peigne et de la peinture à
l'eau

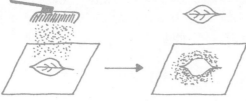

☐ Peindre avec du sable
pour teindre le sable, allonger un peu de peinture spéciale
pour le verre avec de l'alcool à friction. Bien mélanger.
Mettre du sable dans une terrine et y
ajouter lentement la couleur en remuant sans cesse.
Ajuster si nécessaire la quantité d'alcool
ou de peinture :
couleur trop pâle — ajouter de la peinture
couleur trop foncée — ajouter de l'alcool
Étaler ensuite le sable sur plusieurs couches de
papier journal et laisser sécher à l'air en remuant
de temps en temps

Technique :
1- faire un dessin
2- encoller section par section
3- y faire adhérer le sable coloré
4- enlever le surplus, laisser sécher
5- vernir avec une bombe aérosol une fois terminé

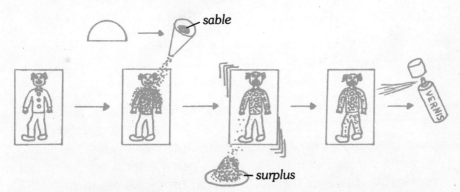

Note : Bien que dans ce cas-ci, l'utilisation du vernis en bombe aérosol
donne un meilleur résultat, il est préférable d'utiliser du vernis et un
pinceau chaque fois que c'est possible car le gaz propulseur des bombes
aérosol pourrait détruire la couche d'ozone de l'atmosphère.

☐ Décorer des œufs :
  — pour obtenir une coquille d'œuf vide, percer à l'aide
    d'une aiguille à laine les 2 extrémités (faire un trou
    assez grand), puis souffler dans l'un d'eux pour faire
    sortir l'œuf de la coquille

  — pour suspendre les œufs afin de fabriquer un mobile,
    percer un petit orifice à un bout de la coquille puis y
    introduire un morceau d'allumette ou de cure-dent
    attaché à un fil. Quand l'allumette est dans la coquille,
    tirer délicatement sur le fil de façon à coincer
    l'allumette en position horizontale

  — deux possibilités de socles pour décorer et faire sécher
    les œufs

clous ou bande de carton

  — pour marbrer les œufs, il faut faire flotter des peintures
    à l'huile sur de l'eau (pour ne pas salir l'évier il est
    préférable d'utiliser un vieux bol ou un bac à peinture).
    Tremper les coquilles sur la surface de l'eau de façon
    que la peinture y adhère puis les faire sécher

— la coquille peut être décorée en visage, avec des paysages miniaturisés, avec des motifs abstraits, en patchwork

☐ Coller (patchwork) :
— des coquillages
— des pâtes alimentaires (faire des motifs puis les peindre)
— des nouilles alphabet (les enfants adorent écrire des mots de cette manière !)
— de la laine, du tissu, de la ouate, de la feutrine
— de la mosaïque en céramique, de la rochette
— des paillettes, du sable coloré, du sel, du cacao
— des fleurs ou des feuilles séchées

Afin de protéger les œuvres de vos enfants de la poussière, vous pouvez recouvrir le tout d'une couche de vernis

☐ Réaliser un montage avec des publicités :
— publicités d'épicerie — collage d'un petit magasin avec des étagères ou jardin
— publicités de quincaillerie — monter une boîte à outils
— publicités de vêtements — collage d'une vitrine de magasin de mode

☐ Coller une illustration simple sur un carton mince. Marquer le contour avec un poinçon. Tremper un bout de laine dans du vernis à ongles et laisser sécher. L'enfant n'a plus qu'à broder le contour de l'image avec son fil-aiguille

☐ Découper et monter :
— des petites mosaïques dans du papier construction
— du papier de revues illustrées ou des timbres
— des petites mosaïques en coquilles d'œufs peintes
— un paysage, un personnage avec du papier coloré

☐ Faire un tableau avec des légumes secs ou des feuilles d'automne ou des samares (ces petits fruits de l'érable munis d'un petit aileron que j'appelais « hélicoptères » quand j'étais petite)

☐ Découper des ribambelles (petits bonshommes attachés)

☐ Façonner un petit bonhomme avec de la laine
on peut l'accrocher à la fermeture éclair d'un manteau

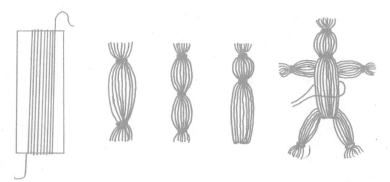

☐ Jouer avec des poupées de carton et découper les vêtements de papier

☐ Fabriquer des poupées en feuilles de maïs
on peut remplacer les feuilles de maïs par du papier crépon, lequel est moins fragile. En faire des papillotes

☐ Travailler le papier crépon
découper de petites bandes, de petits morceaux, chiffonner, étirer ou torsader le papier. Peut servir dans divers montages

☐ Faire du papier gaufré
placer sous une feuille d'aluminium une pièce de monnaie. Pour obtenir un relief de la pièce, passer sur celle-ci avec un crayon à mine ou un bâtonnet. Découper pour obtenir des sous pour jouer au banquier !
Placer une feuille de papier sur une surface en relief et gratter avec un crayon de cire : on verra apparaître le motif sur la feuille

☐ Créer un cahier-calendrier
constituer un petit cahier de 8 sur 13 cm (3 sur 5 po). L'enfant dessine chaque jour dans la case appropriée le temps qu'il fait ou un fait marquant de sa journée. Il peut également y illustrer les différentes étapes de sa vie (avec un titre comme *Ma vie en images*). C'est une très bonne façon de lui faire apprécier les notions de temps et de chronologie

☐ Prendre des photos et monter un petit album

☐ Composer son arbre généalogique

☐ Confectionner un calendrier

☐ Réaliser un petit carnet d'adresses ou de devoirs

☐ Compléter un scrapbook :
— on peut y faire un montage de recettes
— un recueil d'articles de revues et de journaux
— un journal de bord personnel (mes vacances, ma vie à l'école, mes amis)

☐ Inventer un petit carnet animé
dessiner sur chaque page une scène animée en répétant cette scène avec de légères variations d'une feuille à l'autre (par exemple un garçon qui court)

 feuilleter vite

☐ Modeler :
— avec de la plasticine
— avec du plâtre, de la terre, de l'argile
— avec du papier mâché
Voir la FICHE-BRICO sur les pâtes à modeler maison

☐ Sculpter :
— un bout de bois
— du savon

☐ Créer des flocons de neige en papier (par pliage et découpage)

☐ Fabriquer des chapeaux

☐ Fabriquer des paniers tressés ou des petites corbeilles

☐ Pour conserver les « œuvres » de vos enfants, placer entre 2 papiers cirés et repasser au fer à une température moyenne pour sceller. S'en servir comme napperon ou affiches sur une mini-corde à linge ou décorer les fenêtres

☐ Confectionner un napperon :
— en damier avec des bandes de papier

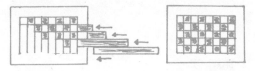

— avec un dessin sur un carton mince

— avec un collage

Pour obtenir un napperon qui durera longtemps, il suffit de le sceller entre 2 morceaux de vinyle transparents. Ce papier vinyle se vend à la quincaillerie sous forme de rouleaux à tapisserie autocollants

☐ Utiliser la technique de l'origami
l'origami est le nom japonais pour le pliage du papier. Tout le monde a déjà fait de l'origami (probablement sans le savoir !) en fabriquant des petits bateaux de papier. Vous en rappelez-vous ?

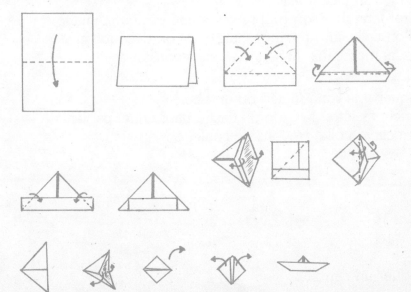

Voir *DES IDÉES DE LIVRES*

☐ Inventer des décorations
Voir la FICHE-BRICO sur les décorations

☐ Faire un masque :
— avec un sac de papier
— avec une assiette de carton et un bâton

☐ Confectionner une bonbonnière :
— avec une boîte de conserve vide
— avec un rouleau de papier hygiénique vide
Voir la FICHE-BRICO sur les articles à fabriquer pour donner en cadeau

mettre un fond

☐ Fabriquer un casse-tête
on peut fabriquer son propre casse-tête avec une image
que l'on colle sur un carton puis que l'on découpe en
plusieurs morceaux. Mélanger, puis reconstituer

☐ Fabriquer une roue-météo ou une horloge
matériel : assiette de carton, attache parisienne, papier
construction, colle, crayons de couleur

☐ Fabriquer un carrousel

☐ Créer un arbre à bonbons

☐ Construire un mobile
utiliser des pailles et du fil
idées de modèles : animaux, cœurs, anges,
cloches, personnages, fruits, légumes

☐ Confectionner un vide-poches

☐ Fabriquer une toise

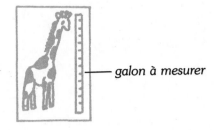

— *galon à mesurer*

☐ Faire des avions de papier, des petits bateaux, des moulins
à vent, des girouettes pour le jardin
Voir la FICHE-BRICO sur les articles à fabriquer pour donner en cadeau

☐ Construire un petit avion suspendu

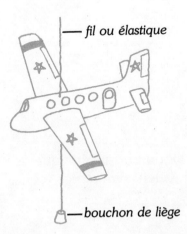

— *fil ou élastique*

—*bouchon de liège*

☐ Bricoler une « fusée-papillon »

souffler ici →

☐   Fabriquer une tirelire

☐   Construire un bateau, une fusée ou une montgolfière

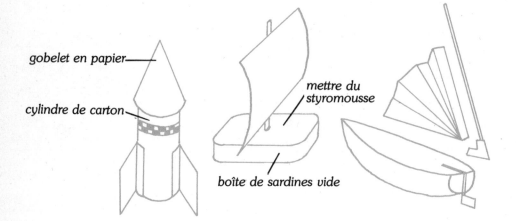

gobelet en papier

cylindre de carton

mettre du styromousse

boîte de sardines vide

☐   Construire une auto (l'enfant y entre son corps)

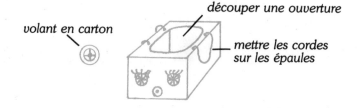

volant en carton

découper une ouverture

mettre les cordes sur les épaules

☐   Fabriquer un diptyque ou un triptyque (2 ou 3 panneaux qui s'ouvrent et révèlent différentes scènes)

☐ Dessiner une carte routière sur laquelle tu peux faire circuler des petites voitures-jouets.
Plastifier avec du vinyle transparent

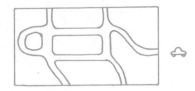

☐ Bricoler une télévision miniature

☐ Réaliser une lanterne chinoise

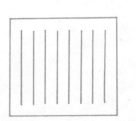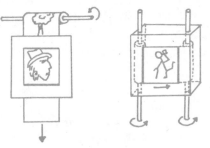

☐ Réaliser un carillon avec des coquillages, des clochettes ou d'autres petits objets qui tintent

☐ Construire un petit jeu animé
matériel : du carton, des ciseaux, de la colle, un élastique
ou une ficelle, des crayons de couleur

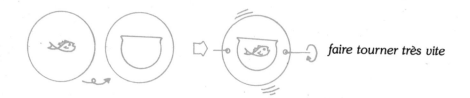

faire tourner très vite

Faire tourner le disque très vite à l'aide de la ficelle ou de
l'élastique. On verra le poisson (ou autre motif) entrer
dans l'aquarium. On peut aussi le faire dans le sens
vertical pour faire un jeu de couleurs

épingle —— — couleurs
 — efface

faire tourner rapidement le cercle de couleurs

☐ Coller des frisures
on utilise du rouleau-serpentin que l'on enroule à l'aide
d'un crayon ou d'un bâtonnet rond

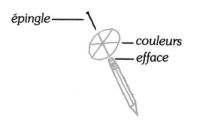

☐ Fabriquer des fleurs
Voir la FICHE-BRICO sur les fleurs

☐ Confectionner des papillons

☐ Construire une cage qui bouge
on y voit 2 animaux en alternance

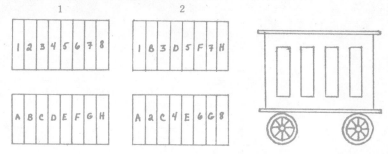

1. prendre 2 photos d'animaux de même format
2. découper en bandes puis coller en alternant — on obtient 2 montages
3. fabriquer la cage selon les mêmes dimensions
4. insérer le montage — on voit alors un animal à la fois dans la cage

☐ Construire et décorer une maison de poupées

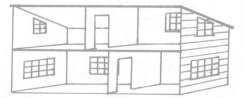

☐ Couper en 2 dans le sens de la longueur le fond d'une
boîte d'œufs ; on obtient ainsi 2 chenilles à peindre et à
décorer. Pour les pattes et antennes, utiliser des cure-pipes

☐ Transformer des boîtes en une commode pour le linge de
poupée

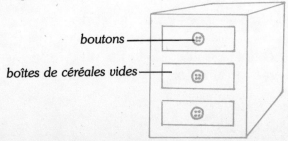

boutons

boîtes de céréales vides

□ Transformer des cure-pipes de couleur en animaux ou personnages (très pratique en voyage !)

□ Construire un petit village, une crèche

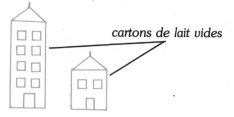

cartons de lait vides

□ Fabriquer des marionnettes :
— marionnettes à doigts
— marionnettes à fils
— marionnettes à gaine (avec une mitaine par exemple)
Voir la FICHE-BRICO sur les marionnettes

□ Construire un théâtre de marionnettes (castelet)

□ Confectionner et décorer une boîte de rangement pour les petites autos

□ Construire :
— avec des blocs de type « Lego »
— avec des pommes de terre coupées en cubes et des cure-dents
— avec des bâtonnets à café et de la colle. On peut vernir ou peindre la création une fois celle-ci terminée

□ Fabriquer une boîte à bijoux

☐ Confectionner une petite vitrine à partir d'une boîte de chaussures vide ☺

☐ Fabriquer des fanions pour mettre sur la porte de sa chambre ou autre ☺

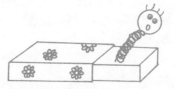

☐ Bricoler une boîte à surprise
matériel : une petite boîte à coulisse (genre boîte d'allumette), du ruban adhésif transparent, un vieux ressort de stylo à bille ☺

☐ Pratiquer une technique d'artisanat : tricot, crochet, macramé, tissage, couture, céramique, poterie, pyrogravure, broderie ☺

☐ Avec un fil-aiguille (bout de laine trempé dans du vernis à ongles) enfiler des « Cheerios », des macaronis, des petits bonbons ronds pour fabriquer un collier comestible ☺

☐ **Faire du tricotin**
matériel : une bobine de fil vide en bois, un petit crochet
ou une aiguille à tricoter, de la laine et 4 petits clous à tête
ronde

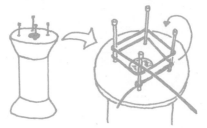

Enrouler 2 fois la laine à l'extérieur des clous. Avec
l'aiguille ou le crochet, prendre la laine la plus proche de
la bobine, la tirer vers l'extérieur puis la rabattre par-
dessus le clou vers le trou. Recommencer pour les 3 autres
clous. Ensuite, on enroule à nouveau la laine autour des 4
clous et on recommence. On obtient un gros brin de laine
tissée avec lequel on peut faire des sous-plats ou des tapis

☐ **Bricoler un yoyo maison**
matériel : 2 bobines de fil vides, 1 bâtonnet rond, un peu
de carton, une cordelette

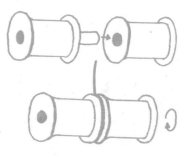

2- LES JEUX COLLECTIFS ET DE DÉTENTE

☐ Raconter une histoire :
— à partir d'un livre
— histoire inventée où chacun improvise sa partie
(histoire collective)
— l'enfant invente une histoire qu'il dessine et écrit. On
peut la lui relire au coucher

☐ Faire des rondes :
— en chantant des chansons ou des comptines
— en écoutant des disques d'enfant
— « Savez-vous planter des choux ? »
— le chat et la souris (jeu de poursuite)

☐ « Qu'est-ce qui est bleu ? » (ou toute autre couleur)
ou encore on peut demander : « Qu'est-ce qui est rond ? »
(ou toute autre forme)

☐ Jouer au téléphone :
— avec 2 boîtes de conserve et un fil

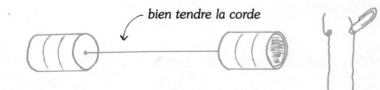

bien tendre la corde

— téléphone arabe : un message est répété à voix basse,
d'un enfant à l'autre, puis on compare le dernier
message au message initial

☐ Se déguiser

☐ Fabriquer un costume d'halloween

☐ Apprendre des tours de magie puis faire un petit spectacle
de prestidigitation (c'est la meilleure façon d'épater les
copains !)
Voir DES IDÉES DE LIVRES

☐ Construire des châteaux de cartes

☐ Compléter des mots cachés (aussi appelés des grilles de mots mystères)

☐ Écrire une lettre au père Noël

☐ Correspondre avec des amis d'autres régions ou d'autres pays

☐ Présenter une petite séance avec des diapositives et une visionneuse ou un projecteur d'images

☐ Regarder un film ou un vidéo
Voir DES IDÉES DE RESSOURCES

☐ Rechercher des images ou des articles à afficher sur un babillard

☐ Observer les jeux de couleurs dans un kaléidoscope

☐ Regarder des photos

☐ Se regarder dans un miroir et se décrire

☐ Écouter de la musique (cassette ou disque)

☐ Jouer de la musique :
— pratiquer un instrument
— petite fanfare
— mimer des états d'âme avec la musique (tristesse, excitation, contentement, colère)

☐ Chanter des chansons

☐ Faire des ombres chinoises

☐ Dessiner un portrait-silhouette
fixer un morceau de papier assez grand sur le mur.
Travailler dans une pièce sombre avec une lampe sans
abat-jour pour projeter l'ombre. Tracer la silhouette au
crayon puis découper et coller sur un carton de couleur
contrastante.

☐ Monter un mini-spectacle :
— de marionnettes
— de théâtre
— de variétés

☐ Fabriquer une hutte ou une cabane avec des couvertures
et des chaises

☐ Jouer à la cachette

☐ Monter une collection :
— de bouchons, de couvercles, de boutons
— de timbres, de monnaies
— de macarons, de cartes postales
— de roches, d'insectes, de plantes (herbier), de
coquillages
— de cartes de joueurs de hockey ou d'autres vedettes
— de poupées de différents pays, de petites figurines
— de signatures
— d'empreintes digitales
Voir DES IDÉES DE RESSOURCES

☐ Jeux de société

☐ Jeux de cartes

☐ Jeu de « Queue d'âne »

☐ Jeu du colin-maillard

☐ Jeu « Échelles et serpents »

☐ Tic-tac-toe

☐ Jouer au bingo !

☐ « Quand je vais au marché, je mets dans mon petit
panier... »
chaque joueur doit nommer un aliment après
avoir répété les aliments nommés précédemment dans le
bon ordre.
Dans le même style, on peut dire : « Je pars en voyage,
dans mes valises je mets... »

☐ « Je te tiens, tu me tiens par la barbichette
le premier qui rira aura une tapette ! »
2 enfants disent cette comptine en se tenant
mutuellement le menton. À la fin de la comptine, chacun
doit garder son sérieux et le premier qui rit perd

☐ Qui suis-je ? Que fais-je ?
choisir un métier que l'enfant doit découvrir par des
questions. Donner plus ou moins d'indices selon la
capacité de l'enfant.
Exemple : « Bonjour madame, est-ce que vous vendez
quelque chose ? »
On peut aussi découvrir de la sorte un objet. Exemple :
« Est-ce petit ou gros ? »

☐ Chaud-froid-tiède
cacher un objet connu. L'enfant le cherche et l'on dit
« chaud », « froid » ou « tiède » selon qu'il est près, loin ou
à mi-chemin de l'objet caché. Le jeu se continue jusqu'à
ce que l'objet soit découvert. On peut aussi procéder par
des bruits (bip-bip-bip ou autre) qui se font plus intenses
et répétés à mesure que l'enfant s'approche de la cachette

☐ Jean dit...
tout ordre doit être précédé de ces mots. Celui qui se
trompe est éliminé. On peut aussi faire Jean contraire...
(faire l'inverse de ce qui est dit)

☐ Si j'étais
faire à l'enfant différentes propositions : « Si j'étais une
chaise... un instrument de musique... une auto... » L'enfant
doit alors compléter en ajoutant : « Je serais... je ferais... »

☐ L'association
le premier joueur dit un mot, par exemple « lampe », le
second doit dire aussitôt un autre mot qui va avec le
premier, par exemple « lumière » et ainsi de suite. Un lien
doit toujours exister entre les deux noms

☐ Le miroir
2 enfants se placent face à face. Il faut que l'un des 2
mime ce que l'autre fait le plus fidèlement possible,
comme s'il s'agissait de l'image d'un miroir

☐ Roche, papier, ciseaux
se joue avec 2 joueurs. Chaque joueur choisit l'un des 3
objets dans sa tête et forme ensuite l'objet avec sa main
cachée derrière le dos. En énonçant « roche-papier-
ciseaux », ils confrontent alors leurs 2 mains. La roche
brise les ciseaux mais se fait enrober par le papier tandis
que les ciseaux coupent le papier

roche   *papier*   *ciseaux*

☐ Ni oui, ni non
on se pose des questions mais il faut toujours répondre
sans utiliser les mots « oui » ou « non »

☐ L'adverbe caché
un joueur s'éloigne tandis que les autres choisissent un adverbe de manière. De retour, le joueur pose des questions et chacun doit traduire l'adverbe dans sa façon de répondre.

Exemples : lentement — ne parle pas vite
poliment   — en disant : « Oui, monsieur »
bêtement   — en prenant une expression peu intelligente

☐ Le changeur de couleurs
petit jeu en papier avec des messages et des couleurs

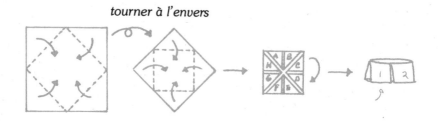

tourner à l'envers

1. *inscrire des couleurs sur les sections 1-2-3-4*
2. *inscrire des numéros sur les sections A-B-C-D...*
3. *sous chaque section A-B-C-D..., inscrire un petit message ou un horoscope*
4. *jouer à deux. Faire choisir une couleur, épeler la couleur en jouant avec le changeur. Faire choisir un numéro, compter. Faire choisir un numéro puis regarder le message*

☐ Identifier les sons
préparer une cassette avec des sons familiers (aspirateur, télévision, chien qui aboie) puis faire écouter et identifier les sons aux enfants

☐ L'épidémie de rhume
enregistrer les enfants séparément en leur demandant de modifier leur voix (pincer le nez, intonations graves ou aiguës). Faire écouter la bande et les enfants doivent deviner à qui appartient la voix qu'ils entendent

▢ Jeu du cochon
matériel : 2 dés par joueur, du papier, un crayon à mine et
un crayon à l'encre

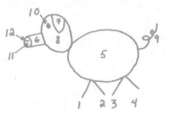

Reproduire au crayon à mine le dessin qu'on trouve ci-
haut. Tirer les dés. On repasse alors à l'encre ou au feutre
les parties du cochon selon le chiffre des dés. Chacun tire
les dés. Le gagnant est le premier joueur qui a terminé son
cochon

▢ Jeu du pendu
se joue à 2 joueurs
matériel : papier et crayon
chaque joueur reproduit le dessin ci-bas. Il pense à un mot
précis qu'il représente par des petites lignes horizontales
correspondant au nombre de lettres du mot. Ensuite,
chacun demande à tour de rôle une lettre de l'alphabet au
joueur adverse. Si cette lettre est dans le mot caché, il faut
l'écrire au bon endroit, sinon on dessine une partie du
bonhomme pendu. Le but est de trouver le mot caché du
joueur adverse avant lui et avant que le bonhomme soit
pendu

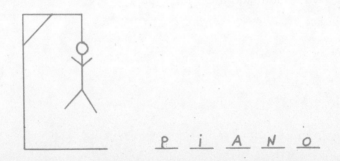

☐ Identifier les objets :
— reconnaître des objets au toucher (les yeux bandés ou en cachant les objets dans un sac)
— des grains de riz, des macaroni et des arachides sont mélangés ; en les touchant seulement, essayer de les trier
— trouver l'identité d'un objet caché dans un sac en posant des questions

☐ Identifier les odeurs :
— les yeux fermés, reconnaître des odeurs (oignon, ail, lavande, menthe, chocolat, eau, café, parfum, vinaigre, citron, vanille)
— préparer de petits sachets remplis de plantes ou d'ingrédients odorants. Mettre dans une petite corbeille et identifier les odeurs

☐ Jeu du mot mystère
se joue à 2 joueurs
chaque enfant découpe des petits cartons de 1,5 sur 2 cm (½ sur ¾ po) sur lesquels il inscrit les lettres de l'alphabet (1 lettre par carton), en répétant les lettres les plus courantes (A, E, M...) Le jeu peut commencer !
Chaque joueur pense à un mot qu'il écrit avec les petits cartons. Il cache son mot en disposant les cartons à l'envers, en ordre devant lui. À tour de rôle, les joueurs demandent une lettre de l'alphabet pour tenter de découvrir le mot mystérieux de l'autre joueur. Si la lettre nommée se trouve dans son mot, l'adversaire doit retourner à l'endroit le ou les (s'il y a plusieurs lettres identiques) cartons correspondants. Le premier qui trouve le mot de l'adversaire gagne

3- FAIRE SEMBLANT

Avec des marionnettes ou des accessoires, on peut jouer à des jeux qui reproduisent des situations diverses. Voici quelques idées.

☐ Jouer au docteur :
— aller à l'hôpital
— soigner les patients

☐ Jouer au papa et à la maman

☐ Jouer à la poupée

☐ Jouer aux cow-boys et aux Indiens

☐ Jouer aux pirates et au capitaine

☐ Jouer à la police et aux bandits

☐ Être un chevalier et combattre un dragon

☐ Être un astronaute, piloter une fusée spatiale

☐ Être un roi ou une princesse

☐ Être un superhéros

☐ Jouer à la dînette

☐ Faire la cuisine, préparer un repas

☐ Jouer au magasin et à la marchande
(garder les boîtes d'aliments vides pour ouvrir une
épicerie)

☐ Faire des achats à l'épicerie ou au magasin

☐ Jouer avec des petites autos :
— conduire un véhicule
— diriger la circulation
— être garagiste
— aménager un stationnement
— organiser des courses

☐ Jouer au monstre ou à la sorcière

☐ Diriger une petite ferme

☐ Faire des mimes

☐ Jouer à l'annonceur qui donne les nouvelles à la télévision
(ne pas oublier le bulletin de météo !)

☐ Jouer à la dame :
— se maquiller
— se coiffer
— s'habiller

☐ Partir en voyage

☐ Jouer à monter et diriger un zoo

☐ Parler au téléphone

☐ Meubler et décorer une maison miniature

☐ Jouer à la maîtresse d'école

☐ Ouvrir une bibliothèque
ajouter les petites cartes dans les livres et les tamponner
comme le font de vrais bibliothécaires

Voici des histoires connues à mimer ou à monter et à
présenter en spectacle

 Le Petit Chaperon rouge

 La Belle au bois dormant

 La Princesse et le petit pois

 Le Vilain Petit Canard

 Hänsel et Grëtel

 Boucle d'or et les trois ours

 Le Chat botté

 Le Petit Poucet

 La Poule aux œufs d'or

 Blanche-Neige et les sept nains

 La Belle et la Bête

 Les Musiciens de Brême

 Le Petit Poisson magique et le pauvre pêcheur

 La Souris des villes et la souris des champs

 Jacques et le haricot

 Les Trois Petits Cochons

 Alice au pays des merveilles

 Cendrillon

 Peter Pan

 Pinocchio

 Peau d'Âne

 Le Lièvre et la Tortue

 La Laitière et le pot au lait

 La Cigale et la Fourmi

 Le Renard et le Corbeau

 La grenouille qui voulait se faire aussi grosse qu'un bœuf

4- LES JEUX D'ATTENTION ET DE RÉFLEXION

☐ Travailler dans des cahiers préscolaires ou des cahiers d'activités récréatives

☐ Remplir l'évier d'eau et jouer à « Qu'est-ce qui flotte ? », « Qu'est-ce qui coule ? »

☐ Jouer avec un aimant
trouver ce qui colle à un aimant

☐ Jouer avec une loupe

☐ Planter des graines de fèves ou de fleurs
faire des observations sur leur croissance à chaque jour

☐ Planter un noyau d'avocat pour avoir une plante bien à soi

☐ Observer ses empreintes digitales
il suffit de presser le bout de son doigt sur un tampon encreur puis sur une feuille de papier

☐ Monter un terrarium ou un aquarium
inscrire dans un petit carnet des observations quotidiennes sur le comportement des animaux

☐ S'amuser avec des jeux scientifiques
Voir DES IDÉES DE LIVRES
Voir DES IDÉES DE RESSOURCES

☐ Regarder un atlas :
— apprendre à lire une carte
— reconnaître les pays

☐ Participer à un concours (littéraire, de dessin)

☐ Discuter d'un sujet qui demande réflexion

☐ Faire des casse-tête
on peut aussi dessiner des histoires en 6 cases faisant
intervenir des notions de temps (confection d'un gâteau,
journée type) puis découper et mélanger les cases que
l'enfant doit remettre dans le bon ordre

☐ Faire préparer un journal de bord, un itinéraire ou une
liste de contrôle bien documentée lors de vacances, d'un
voyage ou d'une sortie

☐ Identifier les cris des animaux

☐ Le zoo
pour une visite au zoo, préparer une liste de
caractéristiques et faire découvrir ce que veut dire : animal
à plumes, à poil, carnivore, omnivore

☐ Déchiffrer des charades et rébus :
— la charade est une énigme où l'on doit deviner un mot
à l'aide de chacune de ses syllabes présentant un sens
complet (mon premier est...)
— le rébus est un jeu d'esprit qui consiste à exprimer des
mots ou des phrases par des dessins ou des signes

☐ Jeu de dominos

☐ Jeu d'échecs

☐ Jeu de « Scrabble »

☐ Jeux de questions de type « Électro »

☐ Jeux de type « Auto-correct-art » ou « Véritech »

☐ Jeux de logique et de mathématiques

☐ Jeu de dames

☐ Jeux questionnaires de type « Quelques arpents de pièges », « Superquizz », « Docte-rat »)

☐ Mots croisés

☐ Dessin des « erreurs »

☐ Jeu de mémoire

☐ Pareil ? Pas pareil ?
nommer des objets. Il faut dire ce qui les rapproche et ce qui les différencie

☐ Jeu de décalage

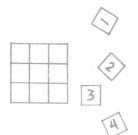

1. *fabriquer 8 carrés numérotés de 1 à 8*
2. *les placer sur la grille, en désordre. Il restera un carré blanc*
3. *déplacer les chiffres sur la grille en glissant sur le carré blanc, jusqu'à ce que la séquence de 1 à 8 soit en ordre*

☐ Bataille navale
matériel : du papier quadrillé et un crayon
prendre une feuille pour ses propres bateaux et une autre pour décoder la flotte adverse

☐ « Devine à quoi je pense ? »
il faut poser des questions et déduire

□ Sucré ? Salé ?
préparer une longue liste d'aliments sucrés ou salés. Dire les mots un par un, l'enfant répond oralement « sucré » ou « salé » selon la bonne catégorie.
On peut aussi faire une liste d'activités « avec toi », ou « sans toi ». L'enfant doit décider s'il peut faire cette activité seul ou avec quelqu'un.
(Exemples : se laver les dents, préparer le repas, aller à l'école.)
On peut dire aussi « utile » ou « agréable », « permis » ou « pas permis », « poli » ou « pas poli »

□ Fabriquer un petit jeu de patience :
matériel : 1 boîte ronde plate avec un couvercle transparent (boîte de fromage par exemple), 4 perles en bois ou 4 billes, des ciseaux, de la colle, de la peinture et un pinceau

1- peindre le fond
2- découper un carton épais comme second fond
3- peindre un motif au choix
4- percer les trous
5- introduire les billes
6- coller le couvercle transparent

déplacer les billes pour les faire entrer dans les cavités

□ Jeu de patience (de type casse-tête)

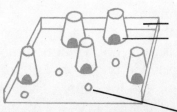

couvercle
gobelets de papier

faire entrer les billes dans les trous

☐ Parcours de billes

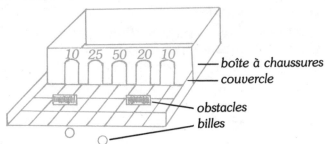

10 25 50 20 10
— boîte à chaussures
— couvercle
— obstacles
— billes

☐ Jeux de patience de type cube « Rubik »

☐ L'intrus
présenter à l'enfant des listes de 6 mots dont 5 ont un
point commun ; le sixième est étranger.
L'enfant doit découvrir l'intrus et expliquer pourquoi il ne
va pas avec les autres
exemple : sucre, farine, sel, sable, cacao, cassonade

☐ La lettre qui change
donner un mot qui est ensuite modifié une lettre à la fois
exemple : hache, mache, moche, miche, biche, riche,
roche, coche, cache, vache
celui qui trouve la plus longue série a 1 point

☐ Jeux de vocabulaire
du type « Enrichissez votre vocabulaire » de *Sélection du
Reader's Digest*

☐ Jouer avec un dictionnaire
un joueur dit un nombre au hasard. L'autre ouvre à la
page indiquée et choisit un mot. Chaque joueur donne sa
définition du mot choisi. Ceux qui ont la bonne définition
ont 1 point et celui qui a la meilleure définition a 2 points.
Faire des parties de 10 points

☐ Jeu de Kim

disposer une dizaine d'objets sur une surface. Laisser
quelques instants d'observation puis les recouvrir d'un
linge. Les joueurs doivent alors énumérer ou écrire la liste
la plus complète possible des objets.
Variation : enlever un objet et demander quel est l'objet
qui manque

☐ Le détail insolite

un joueur sort, on modifie alors un détail d'un des
participants. Quand le joueur revient, il doit découvrir le
changement opéré

☐ Jeu des gobelets

prendre 4 ou 5 gobelets, les disposer à l'envers sur une
table et cacher une bille ou un petit objet sous l'un d'eux.
On déplace alors les verres très rapidement. L'observateur
doit suivre et dire sous quel gobelet la bille se trouve

5- LES JEUX D'ADRESSE ET PSYCHOMOTEURS

☐ Se promener en petit tricycle ou en voiturette

☐ Faire des exercices adaptés aux enfants
il existe des disques du type « Fafoin et moi » qui font faire
à l'enfant une gymnastique sur un fond musical

☐ Faire des culbutes sur un tapis (très amusant !)

☐ Faire la chandelle

☐ Danser :
— sur de la musique
— monter une petite chorégraphie

☐ Se pratiquer à scier, couper, clouer, visser à l'aide d'outils
pour enfants et d'un petit établi

☐ Jouer au ping-pong

☐ Jouer avec un mini-jeu de golf ou de croquet

☐ Jouer avec un petit jeu de quilles

☐ Se pratiquer au jeu de poches

☐ Faire une partie de billard

☐ Faire un bâton-cheval (pour les cow-boys en herbe qui
aiment galoper !)

☐ Jouer au volley-ball d'intérieur
prendre 2 chaises que l'on place à une certaine distance
l'une de l'autre. Nouer une ficelle qui sert de filet.
Former 2 équipes. Mains derrière le dos, il faut souffler un
ballon gonflé par-dessus la ficelle dans le camp adverse

☐ *Consulter le chapitre DES IDÉES D'ACTIVITÉS DE
PLEIN AIR pour :*
— construire une cabane d'oiseaux ou une niche
— s'occuper de petits animaux
— faire des petites courses (saute-mouton, à quatre
pattes)
— planter des fleurs, arroser des plantes
— jeu de quilles (comment en fabriquer)
— le jeu « Les feux de circulation »
— le jeu « Pas de cochon »
— jeux de lancer avec des balles de ping-pong

MES IDÉES

LES FICHES-BRICO

LES FICHES-BRICO

1- LES MARIONNETTES

☐ **Marionnette à doigts**
couper les doigts d'une vieille paire de gants. Faire les
yeux avec des boutons, les cheveux avec de la laine. On
peut fabriquer des mini-têtes avec des bouchons ou du
papier mâché

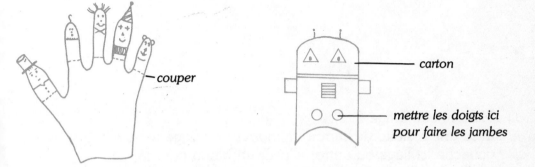

— couper

carton

mettre les doigts ici
pour faire les jambes

☐ **Marionnette avec une bobine de fil**

paille ————

☐ **Marionnette-épingle**
dessiner un visage sur une épingle à linge en bois ou
encore y coller du tissu. Peut servir de signet

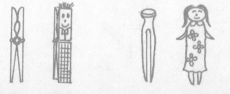

☐ Marionnette-chaussette
se confectionne avec de vieux bas ou de vieilles mitaines
que l'on décore

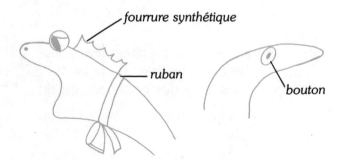

☐ Marionnette à tige
avec une assiette de carton, fabriquer un visage (dessin,
gouache, collage ou autre). Coller un bâton pour la
manipuler. Exemples : un chat, un clown, un roi, une fleur

☐ Marionnette-rouleau
il faut un rouleau de papier hygiénique vide et une
coquille d'œuf vide. Peindre et décorer

manipuler avec 2 doigts

☐ Marionnette à fils
fabriquer un pantin avec du carton de couleur, des
attaches parisiennes et de la ficelle. On articule le pantin
en contrôlant les ficelles par le haut

☐ Marionnette-poussah
il faut une coquille d'œuf vide. Remplir le bas de lentilles,
de riz ou de sable. Peindre et ajouter un petit chapeau
pour cacher le trou

☐ Marionnette-monstre
avec une boîte plate ou une boîte d'œufs

*coller les 2 boîtes
avec du ruban adhésif*

☐ Marionnette à gaine :
   1- corps : gaine coupée dans le tissu
   2- tête : balle de styromousse, en papier mâché, avec une
      pomme, une poire, une patate
   3- visage et cheveux : de l'éponge découpée, de la laine,
      de la feutrine, de la fourrure synthétique, des bandes
      de papier, des morceaux de tissu, des boutons, de la
      paillette, du papier froissé, des autocollants

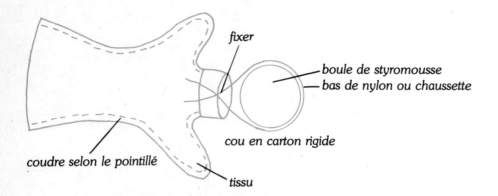

fixer

boule de styromousse
bas de nylon ou chaussette

cou en carton rigide

coudre selon le pointillé

tissu

pour manipuler

cou et tête

bras

bras

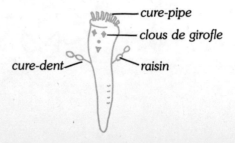

☐ Marionnette-carotte

cure-pipe

clous de girofle

cure-dent

raisin

☐ Marionnette en cornet

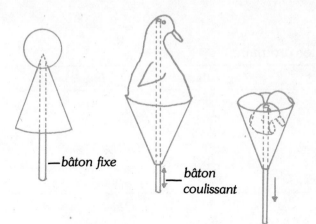

—bâton fixe

bâton
coulissant

☐ Marionnette-silhouette

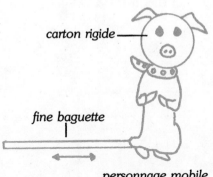

carton rigide ——

fine baguette

personnage mobile

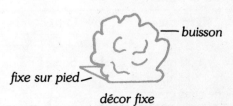

— buisson

fixe sur pied

décor fixe

☐ Marionnette articulée

attaches parisiennes

2- LES PÂTES À MODELER MAISON

□ Pâte à modeler ordinaire

Métriques	Ingrédients	Impériales
30 ml	huile	2 c. à table
250 ml	farine	1 tasse
10 ml	crème de tartre`	2 c. à thé
125 ml	sel	½ tasse
250 ml	eau chaude	1 tasse
quelques gouttes	colorant	quelques gouttes

Préparation

Chauffer l'huile à feu doux. Mélanger la farine et la crème de tartre. Mélanger l'eau, le sel et le colorant. Mettre les 2 mélanges dans l'huile chaude et brasser continuellement. Au bout de 2 à 3 minutes, le tout est pris en pain. Retirer du feu et pétrir pour mélanger uniformément. Conserver dans un plat de plastique avec un couvercle. Au début, la pâte peut être un peu granuleuse à cause du sel, mais ceci disparaît à l'usage. Se conserve de 4 à 6 mois

□ Pâte à perles

Métriques	Ingrédients	Impériales
250 ml	fécule de maïs	1 tasse
500 ml	bicarbonate de soude	2 tasses
300 ml	eau froide	1¼ tasse
quelques gouttes	colorant	quelques gouttes

Préparation

Mélanger puis faire cuire à feu modéré, en brassant constamment, jusqu'à ce que le mélange prenne une consistance de pommes de terre en purée légèrement humide.

Retirer du feu et laisser refroidir, puis pétrir jusqu'à l'obtention d'une pâte souple et malléable. La pâte est maintenant prête pour vos créations.

Modeler les perles puis les badigeonner avec un œuf battu et les faire sécher de 2 à 4 heures dans un four à température moyenne. On obtient une très bonne pâte à sculpter qui durcit très bien

☐ Pâte à sel

Métriques	Ingrédients	Impériales
500 ml	eau chaude	2 tasses
250 ml	sel	1 tasse
250 ml	farine	1 tasse

Préparation

Mélanger les ingrédients. Réfrigérer 4 heures puis modeler. Glacer avec un œuf battu et un pinceau. Mettre ensuite au four à 180°C (350°F) pendant environ 20 minutes ou, selon la grosseur des pièces, jusqu'à ce qu'elles soient dorées. Laisser refroidir puis vernir. On obtient le même effet que celui des objets qu'on trouve dans les boutiques d'artisanat !

☐ Pâte à sel

Métriques	Ingrédients	Impériales
500 ml	farine	2 tasses
125 ml	sel	½ tasse
175 ml	eau	¾ tasse
5 ml	café instantané	1 c. à thé

Préparation

Mélanger puis pétrir 5 minutes. Former des petits objets au gré de votre imagination (quantité suffisante pour 15 ornements de sapin de Noël). Mettre sur une plaque à biscuits et cuire 2 heures à 150°C (300°F). Peindre avec de la gouache ou de la peinture acrylique puis couvrir de 2 couches de vernis brillant

☐ Pâte de fécule de maïs

Métriques	Ingrédients	Impériales
250 ml	sel	1 tasse
125 ml	fécule de maïs	½ tasse
150 ml	eau	⅔ tasse
quelques gouttes	colorant	quelques gouttes

Préparation

Mélanger les ingrédients et cuire sur feu doux jusqu'à épaississement, puis retirer, refroidir et pétrir. Faire sécher au four à 100°C (200°F) pendant environ 2 heures

☐ Pâte à papier

Technique
1- déchiqueter du papier journal dans un grand bol
2- faire tremper 48 heures dans l'eau tiède
3- malaxer à la main jusqu'à l'obtention d'une pâte lisse et sans grumeaux
4- retirer l'excédent d'eau et ajouter un peu d'eau de javel pour désinfecter et blanchir
5- ajouter de la colle (voir recette plus loin) et pétrir jusqu'à l'obtention d'une pâte compacte comme de la pâte à modeler (ajuster la quantité de colle selon la quantité de papier)

Méthode rapide
au lieu de faire tremper 48 heures, on peut faire bouillir 10 minutes et passer au mélangeur

☐ Colle

250 ml (1 tasse) de farine
125 ml (½ tasse) d'eau

☐ Papier mâché
— déchirer du papier journal en petits morceaux que l'on met dans un grand bol en acier inoxydable ; couvrir d'eau chaude et laisser tremper une nuit. Enlever le surplus d'eau et ajouter de la farine. Mélanger et laisser reposer puis travailler le mélange comme de l'argile
— pour un masque : tremper des bandes de papier journal dans de la colle (voir recette plus haut). Bien imbiber et coller sur un plat à l'envers. L'utilisation d'un moule est nécessaire pendant la fabrication de l'objet. En plus du plat à l'envers, on peut utiliser, selon la forme désirée, une bouteille, un verre, un plat ou une coupe, une boîte de conserve, un cylindre en carton, un ballon, un fruit ou un légume, du fil de fer, des journaux froissés, de la pâte à modeler, une boîte d'œufs. Ce support est retiré une fois que l'objet est sec

☐ Pâtes à bois ou pâtes plastiques se vendent dans le commerce. Modeler, sécher à l'air puis peindre

Voici 2 recettes de pâtes à modeler comestibles, très utiles pour les tout-petits qui mettent encore tout dans leur bouche. Des pâtes amusantes à travailler et délicieuses en plus !

☐ Pâte à modeler comestible

Métriques	Ingrédients	Impériales
250 ml	beurre d'arachide	1 tasse
125 ml	lait en poudre	½ tasse
125 ml	germe de blé	½ tasse
60 ml	miel	¼ tasse

Préparation
Bien mélanger tous les ingrédients.
On peut faire des biscuits-visages que l'on décore de raisins secs, noix de coco, fruits confits

☐ Pâte d'amandes

Métriques	Ingrédients	Impériales
175 ml	eau	¾ tasse
500 g	sucre	2 tasses
350 g	amandes pilées	12 onces
2	blancs d'œufs	2
5 ml	jus de citron	1 c. à thé
	sucre à glacer	

Préparation
1- faire fondre le sucre dans l'eau à feu doux. Cuire à feu plus vif jusqu'à 116°C (240°F) puis retirer du feu et brasser
2- incorporer les amandes pilées puis les blancs d'œufs et le citron en brassant vigoureusement. Cuire à feu doux encore 1 minute ou jusqu'à ce que le mélange se raffermisse
3- étaler la pâte sur une plaque saupoudrée de sucre à glacer ; laisser tiédir puis pétrir
4- on peut colorer cette pâte avec du colorant alimentaire, du café instantané ou du cacao

Note : pour obtenir des amandes pilées, faire bouillir les amandes pendant 5 minutes, égoutter et réduire en purée dans le robot culinaire

Des idées d'articles à fabriquer
avec la pâte à modeler qui va au four ou l'argile

Bijoux :
- perles (pour faire le trou, prendre une aiguille à tricoter) pour colliers et bracelets
- broches (utiliser une petite épingle de sûreté collée à l'arrière)

Barrette pour les cheveux

Coffret à bijoux

Cœurs, petites boîtes ou bonbonnière

Petite boîte à trésors

Petit panier

Figurines : santons pour crèche, petits personnages ou animaux, petits soldats

Bibelot

Petits animaux de ferme ou de zoo

Tête de marionnette

Décorations d'arbres de Noël

Légumes et fruits pour jouer à la marchande ou pour faire un centre de table

Petite planche ou plateau individuel pour le petit déjeuner

Planche à fromage

Plateau de service

Coquetier

Ronds de serviettes

Sous-verre, sous-plat

Dînette

Centre de table décoratif

Bougeoir, lampion

Bottes de père Noël

Tirelire

Base de voilier

Cache-pot pour les plantes

Petit pot pour des fleurs ou une plante

Fleurs, support à fleurs

Tableaux à plat, en relief

Plaque murale

Cadre (y mettre une jolie photo !)

Masques

Pions, dés, dominos, pièces de jeu d'échecs, dés à coudre

Petit village

Totem

Porte-savon

Support à brosse à dents

Porte-serviettes

Porte-menu

Porte-cure-dents

Porte-clefs

Porte-crayon ou porte-calepin pour le téléphone

Vide-poches

Presse-papiers

Signe du zodiaque

Décoration à suspendre dans une fenêtre ou à placer sur
une porte d'entrée ou une porte de chambre

Décorations pour faire un mobile

Petit bonhomme de type pain d'épice

Crochet

Petit parchemin sur lequel on inscrit un message
(très original pour une carte d'anniversaire)

3- LES FLEURS

☐ Découper des formes de fleurs différentes dans du papier coloré. En faire de différentes dimensions. Plier en 4 pour donner une forme puis monter les fleurs en les superposant et en les collant

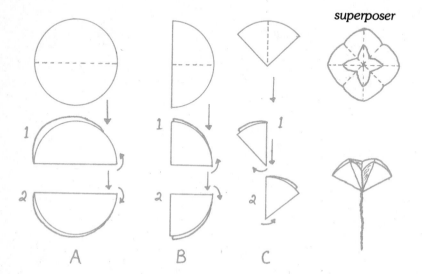

superposer

A   B   C

☐ Fleurs en mouchoirs de papier ou en papier de soie

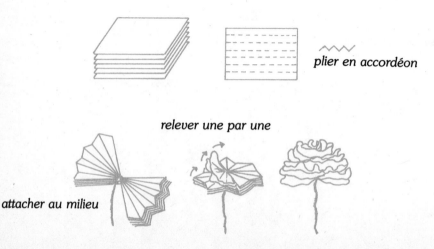

plier en accordéon

relever une par une

attacher au milieu

☐ **Fleurs de lotus**

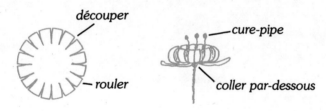

découper

rouler

cure-pipe

coller par-dessous

☐ **Cornet de fleurs**
prendre un napperon de dentelle en papier ou un cornet
de papier

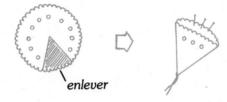

enlever

☐ **Fleur-coquelicot**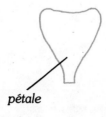

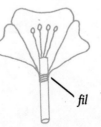

pétale

fil

☐ **Fleur-campanule**

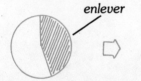

enlever

☐ **Fleur-chardon**

㉝

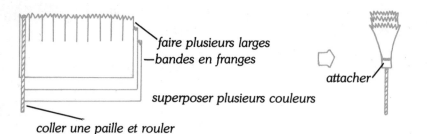

faire plusieurs larges
—bandes en franges

attacher

superposer plusieurs couleurs

coller une paille et rouler

☐ **Fleurs en pot**

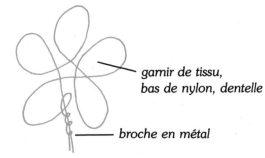

rouler

bouchon de liège —

☐ **Fleurs avec de la broche et du tissu**

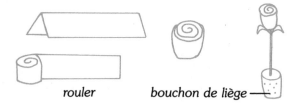

garnir de tissu,
bas de nylon, dentelle

broche en métal

☐ **Fleur-violette**

1 boucle

ruban d'emballage   attacher   superposer 2 boucles

□ Fleurs séchées :
  1- À l'air
     on fait sécher les fleurs la tête en bas dans un endroit
     bien sec et aéré. On peut ensuite les enduire de
     peinture en aérosol
  2- Dans la poudre dessiccative
     prendre du borax ou du gel de silice (vendu dans les
     pharmacies). Verser dans une boîte, ajouter les fleurs
     (légèrement séchées à l'air au préalable) et les recouvrir
     à nouveau de poudre. Ranger la boîte dans un endroit
     chaud et sec pour plusieurs jours. Convient bien pour
     les fleurs simples et petites fleurs
  3- Dans la glycérine
     tremper les tiges bien coupées en biseau dans un
     liquide ⅔ d'eau + ⅓ de glycérine. Laisser plusieurs
     jours pour que le liquide circule bien dans la plante.
     Convient surtout pour les feuillages et certaines fleurs
     comme les campanules, sceaux-de-Salomon, clématites

□ Presse pour sécher les plantes ou les fleurs

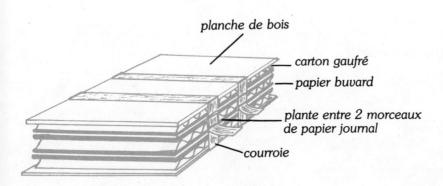

planche de bois

carton gaufré

papier buvard

plante entre 2 morceaux de papier journal

courroie

4- LES TECHNIQUES D'IMPRESSION

☐   Empreintes de doigts ou de mains

☐   Impression en miroir
plier une feuille de papier en 2, la déplier et peindre un
motif sur une moitié de la feuille. On replie alors, et on
obtient 2 dessins symétriques

☐   Impression au rouleau

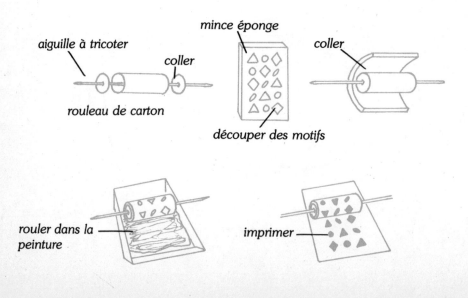

☐ **Patron encollé**

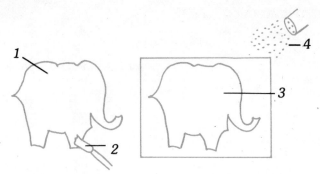

1. *découper un patron*
2. *mettre de la colle*
3. *imprimer puis retirer le patron*
4. *saupoudrer de paillettes, sables, cacao, sucre ou autre*

☐ **Avec une bobine de fil**
recouvrir la bobine d'une épaisse couche de pâte à
modeler, graver des dessins dans la pâte à modeler puis
rouler la bobine dans la peinture et imprimer en roulant

☐ **Impression au pochoir**
fabriquer un pochoir avec du carton et une lame

découper

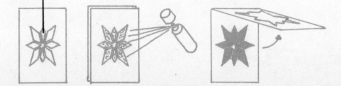

☐ Tampon d'impression :
— avec une patate découpée
— en plâtre

1. *graver en relief*
   dans une patate
   ou dans de la plasticine

4. *verser le plâtre dans le tube*

2. *rouler un carton fort*

5. *laisser sécher*

6. *retirer le carton et la patate*

3. *préparer le plâtre*

7. *on obtient le tampon en plâtre*

☐ Tableau en papier de soie
déchirer et coller des bandes de papier de soie de diverses
couleurs, en superposant pour former de nouvelles
couleurs. Quand la colle est sèche, imprimer des motifs

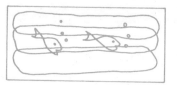

☐ Utiliser un fruit ou un légume comme tampon
d'impression : pomme, champignon, poire

Voir DES IDÉES DE LIVRES

5- DES IDÉES D'ARTICLES À FABRIQUER POUR DONNER EN CADEAU

☐ Bonbonnière, petite boîte

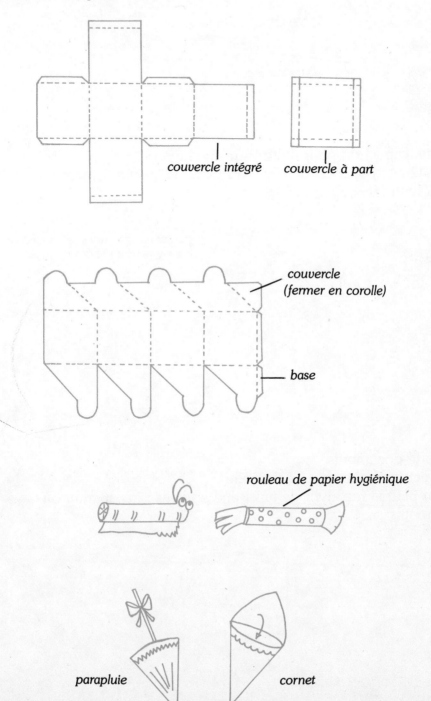

couvercle intégré   couvercle à part

couvercle
(fermer en corolle)

base

rouleau de papier hygiénique

parapluie   cornet

□   Petit gant de toilette

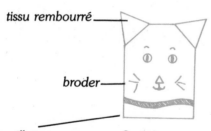

tissu rembourré

broder

2 débarbouillettes cousues sur 3 côtés

□   Petit capuchon pour mettre sur un crayon
matériel : bouchon de liège, du tissu, de la laine, crayon
ou feutre

*percer un trou dans le bouchon
pour y mettre le crayon*

□   Porte-documents
avec une boîte de céréales vide.
On peut la recouvrir de tapisserie en vinyle transparent ou
à motifs

☐ Fabriquer des animaux-aimants pour le réfrigérateur
matériel : des coquilles de noix, de la feutrine, des ciseaux,
de la colle et du ruban aimanté que l'on peut couper (on
peut s'en procurer dans une quincaillerie)

décorer la coquille de noix en animal

ruban aimanté dessous

☐ Ronds de serviettes
avec un rouleau de papier essuie-tout vide, on coupe des
rondelles puis on lime les bords et on les décore

☐ Porte-clefs ou porte-chiffons

coller des épingles à linge

décorer une planchette

☐ Sous-plat en plâtre avec l'empreinte de ta main

*verser du plâtre dans
une assiette à tarte*

*imprimer la main lorsque
le plâtre est mi-ferme*

peindre une fois le plâtre sec

☐ Faire des couvertures de livre et les décorer

☐ Créer des bijoux :
   — en pâtes alimentaires peintes

broche
1. coller la pâte alimentaire sur un petit carton
2. peindre
3. coller une épingle de sûreté à l'endos
4. vernir

   — avec des boutons

   — collier de perles en papier
     matériel : pages de revues illustrées en couleurs, papier
     de soie ou carton mince, colle, règle, ciseaux, ficelle,
     aiguille à laine ou à tricoter, allumette de bois ou cure-
     dent

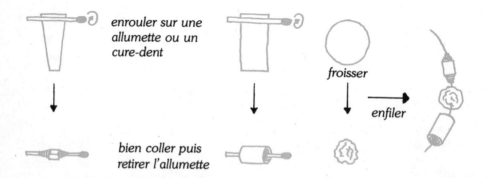

enrouler sur une allumette ou un cure-dent

froisser

enfiler

bien coller puis retirer l'allumette

Vernir les perles pour prolonger leur durée

☐ Papier à lettres décoré, parfumé ou personnalisé

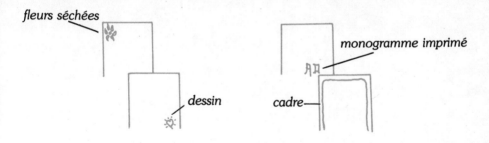

☐ Fabriquer de jolis signets

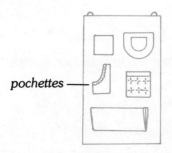

☐ Fourre-tout à suspendre

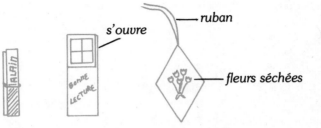

☐ Diaporama
carton épais plié en 2 avec des motifs en relief lorsqu'on
l'ouvre

☐ Faire des pompons

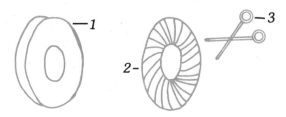

1. *découper 2 disques de carton*
   (plus les disques sont grands plus le pompon sera gros)
2. *enrouler une bonne épaisseur de laine*
3. *découper la laine entre les 2 disques de carton*
4. *attacher fermement la laine entre les 2 disques*
5. *enlever les cartons*
   voilà un pompon !

On peut faire des montages de pompons pour obtenir des animaux ou des personnages

savon

☐ Cadres faits à partir d'assiettes rectangulaires qui servent à l'emballage des viandes

☐ Collection d'insectes
fabriquer de petits papillons dans du papier de soie ou du tissu. Épingler ensuite dans une boîte vide en disposant comme une vraie collection d'insectes

☐ Pots de fleurs faits à partir de contenants à jus en plastique

☐ Fabriquer une carte d'anniversaire :
— simple
— en relief

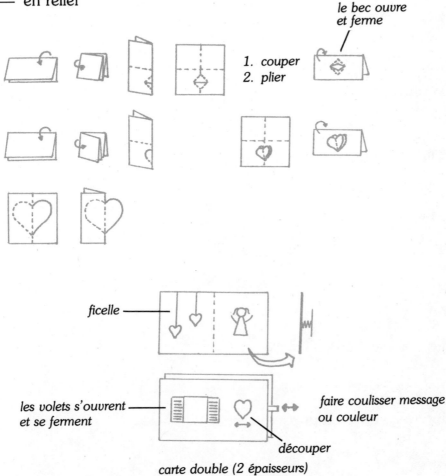

le bec ouvre et ferme

1. couper
2. plier

ficelle

les volets s'ouvrent et se ferment

faire coulisser message ou couleur

découper

carte double (2 épaisseurs)

☐ Maison porte-crayon

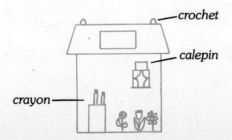

crochet

calepin

crayon

☐ Thermomètre
on fait la planchette décorative

☐ Coussins

☐ « Ordinateur de cuisine » (fichier de recettes)

☐ Message dans une bouteille

☐ Pince à courrier ou presse-papiers

☐ Pelote d'épingles, boîte à laine, sac pour pinces à linge

☐ Petite pochette à lunettes

☑ Jolis éventails

☐ Boule fleurie
boule de styromousse avec des fleurs piquées

☐ Tablier, poignées pour le four

☐ Macramé : jardinière, laisse de chien

☐ Soleil décoratif pour la cuisine

6- AVEC LA NATURE

☐ Galets peints

☐ Fleurs séchées en bouquet

☐ Tableau avec des samares, des graines, des feuilles d'automne, des pétales

☐ Œufs peints ou pyssanka (œuf ukrainien décoré)

☐ Coquillages
en tableau, en figurine

☐ Mini-vitrine

— mettre une vitre sur le dessus

— mosaïque de graines alimentaires, haricots, fleurs séchées, lentilles

☐ Cadeaux parfumés
composer un pot-pourri avec des fleurs odorantes séchées, des pétales, des feuilles, des épices, quelques gouttes d'huile, des écorces de citron, d'orange ou de mandarine (couper l'écorce en spirale, découper et faire sécher). Le tout peut être présenté dans des sachets de tissu, un petit pot décoratif ou une coupe à cognac (pour un centre de table)

☐ Fleurs pressées, séchées pour des cartes, des signets, des petits pendentifs

☐ Terrarium
faire un mini-jardin dans un pot, une bouteille ou un petit
aquarium

☐ Mobile avec des cocottes ou des petites branches

☐ Pomme d'ambre parfumée
prendre une orange ou un citron et y piquer des clous de
girofle. Rouler ensuite dans un mélange de 2 ml (½ c. à
thé) de chacun des ingrédients suivants : poudre de racine
d'iris, cannelle, poivre de la Jamaïque (allspice), 1 goutte
d'huile de santal. Enrober dans du papier de soie avec la
poudre et mettre dans un endroit sombre et frais pendant
3 semaines, pour dessécher.
Avec un ruban, suspendre la pomme d'ambre

☐ Pots à épices ou à fines herbes

☐ Collier de graines de pastèque ou autres graines

☐ Pour obtenir des maracas, mettre des lentilles séchées ou
du riz dans un pot vide avec un couvercle. Décorer

☐ Fabriquer un centre de table

MES IDÉES

DES IDÉES
D'ACTIVITÉS DE
PLEIN AIR

DES IDÉES D'ACTIVITÉS DE PLEIN AIR

□ S'amuser sur un portique d'activités :
   — balançoire, glissoire, bascule (balançoire à 2)
   — trapèze, échelle, pneu, cordes, balancelle

□ Jouer dans un carré de sable :
   — faire des pâtés de sable
   — ouvrir une « boulangerie » dans le bac de sable
     humide ; on fabrique le « pain » avec divers moules,
     chaudière, coupe-biscuits
   — bâtir des châteaux de sable
   — tracer des routes, y faire circuler des petites autos
   — aménager un chantier de construction avec une grue,
     un camion à ciment, un camion à benne

□ Jouer avec une charrette :
   — transporter des objets avec une charrette, une petite
     brouette ou des seaux
   — promener son petit frère (ou sa petite sœur !)

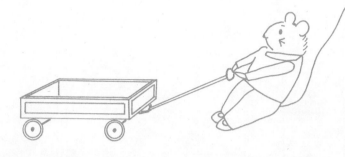

□ S'intéresser aux animaux :
   — rechercher des insectes sous les roches
   — observer les oiseaux
   — visiter les animaux de la ferme
   — jouer avec des animaux domestiques
   — faire la chasse aux papillons

☐ Faire une promenade   ◯

☐ Promener des poupées dans un carrosse   ◯

☐ Monter un terrarium   ◯
— observer des insectes dans des boîtes à insectes
— élever des chenilles pour observer leur métamorphose en papillons
— élever des têtards pour observer leur métamorphose en grenouilles
— élever des vers de terre pour ensuite les vendre aux pêcheurs

☐ S'occuper de petits animaux :   ◯
— brosser le chien, le laver
— nourrir les animaux, nettoyer les cages
— faire des labyrinthes pour les souris blanches

☐ Fabriquer des cabanes d'oiseaux ou une niche pour le chien   ◯
ceci est un plan de cabane pour les hirondelles

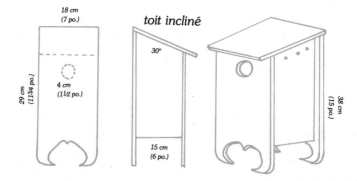

ne pas oublier de percer de petits trous d'aération dans le plancher et sur les côtés, à la base du toit

☐ S'amuser avec une corde à danser, un « Frisbee », un bolo, un yoyo, une corde à danser chinoise, un bilboquet   ◯

☐ Rechercher des pistes et des traces laissées par les
animaux dans la neige ou sur le sol et les identifier ○

☐ Faire des moulages d'empreintes d'animaux
il faut une bande de carton fort et du plâtre ○

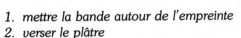

former un cylindre de carton

1. *mettre la bande autour de l'empreinte*
2. *verser le plâtre*

☐ Faire un pique-nique dans la cour
même en hiver on peut fabriquer une table et des bancs
en neige ! Apporter des beignes ou des biscuits de type granola
et du chocolat au lait chaud dans un thermos.
L'été, il faut plutôt une nappe ou une couverture et des fruits
avec une boisson froide ○

☐ Faire des bulles de savon
mettre dans un pot avec couvercle 750 ml (3 tasses) de
savon liquide (le savon à vaisselle fait très bien l'affaire),
5 ml (1 c. à thé) de sucre, 60 ml (4 c. à soupe) d'huile
végétale et quelques gouttes de colorant. Bien brasser. Il
ne reste plus qu'à fabriquer des anneaux de métal pour
souffler de magnifiques bulles ! ○

☐ Monter un herbier
apprendre le nom des plantes ○
*Voir la FICHE-BRICO sur les fleurs pour les techniques de séchage des
fleurs*

- ☐ Jouer avec un ballon :
  - « Qui est-ce qui l'a Marie-Stella ? »
  - la balle nommée : un joueur lance la balle en nommant le nom d'un autre joueur. Les autres s'enfuient aussitôt tandis que le joueur appelé doit saisir la balle puis la lancer pour atteindre un des fuyards. Celui qui est frappé nomme un joueur à son tour
  - les joueurs se placent en cercle. On lance le ballon sans arrêt. Celui qui ne l'attrape pas ou l'échappe est éliminé
  - lancer simple sur un mur : sans bouger les pieds, en tapant dans les mains, toucher une partie du corps, avec une main, un pied, passer le ballon sous la jambe, genou à terre, tourner sur soi-même, par derrière
  - lancer le ballon dans un panier (basket-ball)
  - lancer le ballon par-dessus un filet (volley-ball)
  - ballon-chasseur

- ☐ Cueillir des fleurs des champs et faire des bouquets

- ☐ Collectionner des roches
  Voir DES IDÉES DE RESSOURCES

- ☐ Cueillir des pommes, des fraises, des petits fruits sauvages

- ☐ Planter des bulbes de tulipes, de crocus ou de jacinthes à l'automne pour avoir de jolies fleurs le printemps venu

- ☐ Arroser les plantes avec un arrosoir ou une bouteille à pression (comme celle utilisée pour la moutarde)

☐ Planter un arbre   ○

☐ Faire un petit potager   ○

☐ Construire une cabane   ○

☐ Monter une petite tente de camping
dormir à la belle étoile   ○

☐ Ramasser du petit bois pour faire un feu de camp le soir   ○

☐ Chanter devant un feu de camp et y faire griller des
guimauves !   ○

☐ Constituer une petite station de météo   ○
il faut un thermomètre pour la température, un plat d'eau
que l'on gradue pour mesurer les précipitations, une
girouette pour indiquer la direction du vent
Voir DES IDÉES DE RESSOURCES

☐ Observer les étoiles le soir :   ○
— apprendre à connaître les constellations
— observer la Lune avec un télescope ou des jumelles

☐ Air, terre, mer   ○
un joueur se met devant les autres qui sont placés en
demi-cercle. Le meneur lance un ballon à un joueur en
nommant un des éléments. Celui qui reçoit le ballon doit
donner immédiatement le nom d'un animal qui vit dans
l'élément indiqué (exemples : air-pigeon, terre-chien, mer-
poisson). Celui qui hésite, se trompe ou répète un nom
déjà dit est éliminé

☐ Monter une petite troupe de théâtre pour donner des   ○
spectacles en plein air

☐ Peindre un paysage sur une toile installée sur un chevalet   ○

☐ Faire un tas de feuilles mortes à l'automne   ○

☐ Fabriquer ou faire voler des cerfs-volants   ○

☐ Pratiquer des sports :   ○
   — se baigner dans une petite piscine ou dans une
     pataugeuse
   — nager dans une piscine ou un lac
   — faire du patin à roulettes
   — organiser une randonnée à bicyclette
   — se déplacer en tricycle, en trottinette, en roulis-roulant
   — essayer le jeu de pétanque
   — escalader une montagne
   — pratiquer le badminton, le tennis
   — aller à une partie de pêche
   — jouer à un mini-jeu de golf ou de croquet
   — faire partie d'une équipe de balle-molle
   — jouer une partie de quilles avec les amis
   — glisser sur la neige avec une luge ou une soucoupe
   — faire du ski de fond, du ski alpin
   — se promener en raquettes
   — s'exercer au patin à glace
   — jouer au hockey (notre sport national !)
   — s'initier au curling

☐ Constituer 2 équipes et jouer à « J'ai un beau château » ○
— L'équipe no 1 choisit en secret une personne de
l'équipe no 2
— Les 2 équipes s'alignent face à face et se mettent à
chanter la comptine en avançant l'une vers l'autre puis
en reculant sans arrêt
— La comptine va ainsi :
Équipe no 1: « J'ai un beau château ma-tan-ti-re-li-re-li-re
J'ai un beau château ma-tan-ti-re-li-re-lau »
Équipe no 2 : « J'en ai un plus beau... »
Équipe no 1 : « Nous le détruirons... »
Équipe no 2 : « Comment ferez-vous ?... »
Équipe no 1 : « En ôtant une pierre... »
Équipe no 2 : «Quelle pierre ôterez-vous ?... »
Équipe no 1 : « La pierre de Julie (ou autre)... »
— Julie rejoint alors l'équipe no 1. L'équipe no 2 choisit
maintenant un joueur et on recommence

☐ Les feux de circulation ○
un capitaine appelle les couleurs
rouge — on arrête
jaune — on marche
vert   — on court

☐ Pas de cochon ○
un capitaine donne les pas à chacun
pas de cochon — pas normal
pas de géant — grand pas
pas de souris — petit pas
pas de tournesol — pas en tournant 1 tour sur soi
pas de kangourou — en sautant

☐ Faire des jeux de poursuite (du genre cow-boys et Indiens, ○
police et bandits)

☐ S'amuser à se poursuivre ○
« Promenons-nous dans le bois
pendant que le loup n'y est pas
si le loup y était
il nous mangerait
Loup, loup ! que fais-tu ? »

☐ Jouer à la « tag »
   jeu de poursuite où un joueur a la « tag » et doit
   poursuivre les autres. Celui qui est touché attrape la « tag »
   à son tour et libère le premier joueur.
   Variantes :
   — sous-marin : celui qui est touché reste sur place mais il
     peut être libéré quand un autre joueur passe entre ses
     jambes
   — statue : celui qui est touché reste figé dans la même
     position
   — épidémie : tous ceux qui sont touchés ont la « tag » et
     ne la perdent pas

☐ Dessiner à la craie un jeu de marelle (aussi appelé ciel-
   purgatoire-enfer)

☐ Utiliser la petite comptine de sélection
   « Trois fois passera, la dernière, la dernière,
   trois fois passera
   la dernière y restera »
   suivie de tire-la-corde (tire-à-la-souque)
   lorsque 2 équipes sont ainsi formées au hasard

☐ Organiser des courses :
— simple, à 4 pattes, à cloche-pied, de relais
— dans une poche de jute, les jambes attachées
— sur les talons (très drôle !)
— à pieds joints, sur un pied, à reculons, sur les genoux, en grenouille, en crabe (sur le côté)
— en kangourou (avec un ballon entre les jambes)
— sur un petit parcours
— d'obstacles (sauts)
— en brouette, à 3 pattes, à saute-mouton (avec 2 personnes)
— à cheval sur le copain ou la copine (très acrobatique)
— en chaise à porteurs (3 personnes)
— de mille-pattes avec 2 équipes
— à la valise avec des vêtements à enfiler au départ et à enlever à l'arrivée
— avec une cuillère : on doit transporter de l'eau ou une balle de ping-pong
— avec une paille et un grain de riz

☐ Jouer aux 4 coins (se joue à 5 joueurs)
le joueur du centre tente d'occuper un des 4 coins quand les autres joueurs échangent leurs places au signal

☐ Jouer à la cachette

☐ S'amuser en jouant aux billes

☐ Faire voler des petits planeurs et des avions de carton, de plastique ou téléguidés

☐ Jouer avec des cerceaux

☐ Faire un bonhomme de neige   ◯

☐ Construire des châteaux forts ou un igloo dans la neige   ◯

☐ Faire flotter sur un plan d'eau des petits bateaux   ◯

☐ S'amuser au jeu de poches   ◯

☐ Fabriquer des moulinettes à vent ou des girouettes   ◯

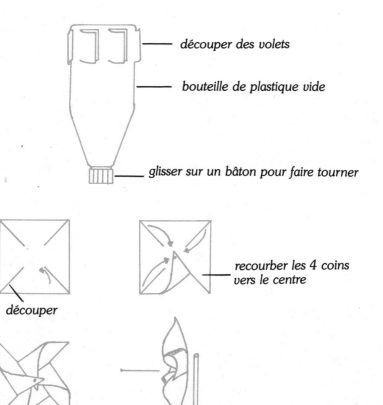

découper des volets

bouteille de plastique vide

glisser sur un bâton pour faire tourner

recourber les 4 coins vers le centre

découper

☐ Fabriquer des échasses
il faut 2 grosses boîtes de conserve vides et de la corde   ○

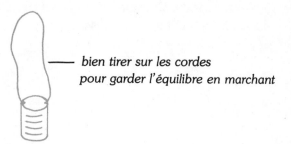

— *bien tirer sur les cordes
pour garder l'équilibre en marchant*

☐ Exercer son équilibre avec une échelle de bois, ramper
dessous ou marcher dessus   ○

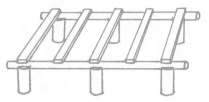

☐ Enfoncer 2 piquets dans le sol et les relier par une corde.
Il faut ramper sous la corde   ○

☐ Pratiquer un parcours d'hébertisme   ○

☐ Créer des jeux de lancer à base de petits cailloux, de
morceaux de bois, de galets. Les cibles sur lesquelles on
vise peuvent être une boîte de carton, une chaudière ou
un cercle sur le sol dessiné à la craie ou avec une corde   ○

☐ Construire des « boîtes à savon » automobiles et faire une
grande course !   ○

☐ Organiser une grande compétition de modèles réduits
téléguidés   ○

- ☐ Jeux de lancer avec des balles de ping-pong :
  — on fabrique une cible en tissu feutré avec des cercles concentriques qui donnent différents points. On recouvre les balles de ping-pong de 2 bandes velcro. Les balles adhèrent au tissu

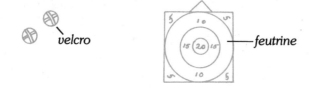

velcro

feutrine

  — avec 2 grands verres et une balle de ping-pong

- ☐ Le chariot

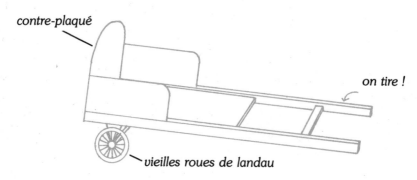

contre-plaqué

on tire !

vieilles roues de landau

- ☐ S'amuser au « jeu de massacre »
  il faut lancer une balle dans les trous

☐ Jeu de fléchettes inversé
on fabrique une cible avec du contre-plaqué et des clous
de 12 à 15 mm de long. On plante les clous dans la
plaque ronde de façon à présenter les pointes. On fixe
alors la cible ronde sur la plaque carrée pour empêcher les
clous de se défaire. Les projectiles sont des boules de
plasticine de 3 cm (1,2 po) de diamètre environ. On peut
insérer des rubans dans la boule de plasticine pour un
effet plus spectaculaire

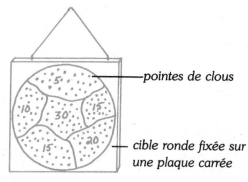

—pointes de clous

— cible ronde fixée sur
une plaque carrée

☐ Pratiquer son adresse sur une cible tournante
il faut d'abord récupérer une roue de bicyclette. On enlève
le pneu s'il en reste un puis on fixe la roue sur un piquet.
On ajoute des cibles, on fait tourner la roue. Il ne reste
qu'à bien viser !

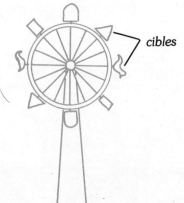

cibles

☐ Boxer avec un « punching-bag »

☐ Fabriquer un jeu de quilles
on peut fabriquer des quilles avec des bouteilles vides
d'eau de Javel ou d'eau minérale. On les remplit à demi
avec du sable ou de l'eau bouillie, bien fermer et décorer

☐ Transformer une bouteille d'eau de Javel en pelle

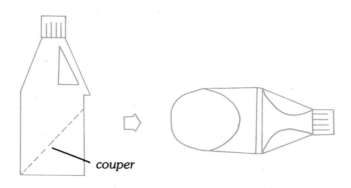

couper

☐ Fabriquer des panneaux de photos-folies !

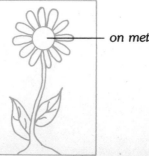

on met son visage ici

☐ Bateau-bascule à 2 ○

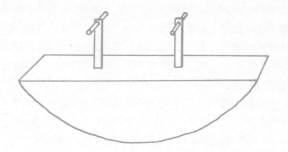

☐ Circuit aquatique ○
utiliser des tuyaux de plastique en polyvinyle chloré (ou
PVC), disponibles dans les quincailleries. Les fendre en 2
dans le sens de la longueur. Monter un circuit. Remplir
d'eau. Il ne reste plus qu'à faire flotter de petits bateaux !

☐ Jeux de lancer avec des anneaux : ○
— panneau de bois (jeu de Pinocchio)

les nez sont des goujons de 16 cm (6 po.) environ

— piquet dans le sol

☐ Photographier le paysage ○

□ Le rallye :
— composer des équipes de 3 à 4 joueurs. Il faut au moins 3 accompagnateurs pour organiser et surveiller le déroulement des épreuves et aussi rechercher les équipes retardataires. Le premier guide se tient au départ pour donner les consignes de départ et faire partir chaque équipe de 5 minutes en 5 minutes. Le second guide se tient à la première étape, le troisième, à la seconde étape. Lorsque le premier guide a fait partir toutes les équipes, il va se placer à l'étape 3 et ainsi de suite
— établir et répéter le parcours, établir des messages destinés aux enfants, mettre les indications et les plans de parcours dans des enveloppes marquées de couleurs différentes (chaque équipe a une couleur définie)
— faire un trajet presque en boucle et prévoir un pique-nique à l'arrivée

Voici différentes idées de jeux :
— jeux de pistes
    épreuve : par exemple, bâtir avec des blocs de type « Lego » une maison (chronométrer)
— lecture d'un plan
    épreuve : par exemple trouver le plus vite possible 5 différentes feuilles d'arbre
— les points cardinaux (dans l'enveloppe mettre une boussole et des directions à suivre)
    épreuve : petit parcours d'obstacles (sauts)
— énigme ou message codé
    épreuve : course
— parcours avec opérations mathématiques
    épreuve : questionnaire de connaissances de type vrai ou faux

Les points ; attribuer pour chaque épreuve les points selon un ordre décroissant tel que :
    1re équipe — 20 points
    2e équipe — 15 points
    3e équipe — 10 points
    4e équipe — 5 points
Il y a aussi des points pour l'ordre d'arrivée

☐ La course au trésor

il faut une ou plusieurs équipes. Il s'agit de découvrir la cachette d'un « trésor » à l'aide de différents messages à indices qui tiennent lieu d'itinéraire.

Constituer l'itinéraire et faire des messages.

Placer les messages en commençant par le dernier et en remontant les étapes jusqu'au départ.

S'il y a plusieurs équipes, chaque équipe devra avoir un message (plusieurs enveloppes avec code de couleurs) ou chaque équipe devra remettre en place le message pour l'équipe suivante.

Les messages peuvent être des énigmes, un parcours à suivre, des plans, des codes

☐ Idées de codes :

— code par division — il suffit de diviser les mots autrement mais en gardant le même ordre
exemple : ce staujo urd huimaf ete signifie : c'est aujourd'hui ma fête

— code premier ou dernier faux — ajouter une première ou une dernière lettre fausse à chaque mot (ou 2 lettres)
exemple : reviens hachez lémoi bra brune flheure signifie : viens chez moi à une heure

— inversion — inverser les lettres d'un mot, les mots d'une phrase ou les syllabes d'un mot
exemple : erbra signifie : arbre
nebron tefe signifie : bonne fête

— code César — chaque lettre est remplacée par celle qui vient immédiatement avant ou après dans l'alphabet

— code chiffré — chaque lettre est associée à un chiffre
exemple : A=1, B=2, C=3

— machine à code — pour décoder rapidement un code César ou un code chiffré

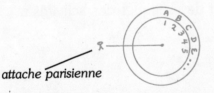

attache parisienne

2 disques de carton

— encre invisible

on écrit un message avec un cure-dent et l'une des substances suivantes : jus de citron, lait, vinaigre, jus d'orange. Laisser sécher. Pour faire apparaître le message, il faut utiliser de la chaleur, celle d'un fer à repasser tiède par exemple. Le message apparaîtra en brun

— code de la machine à écrire

— allonger chaque mot d'une ou deux syllabes répétitives

— code tacite — « Avez-vous l'heure ? » peut vouloir dire « L'ennemi nous écoute »

— le morse :

A = .-	J = .---	S = ...
B = -...	K = -.-	T = -
C = -.-.	L = .-..	U = ..-
D = -..	M = --	V = ...-
E = .	N = -.	W = .--
F = ..-.	O = ---	X = -..-
G = --.	P = .--.	Y = -.--
H = ...	Q = --.-	Z = --..
I = ..	R = .-.	

1 = .----	6 = -....
2 = ..---	7 = --...
3 = ...--	8 = ---..
4 = ...-	9 = ----.
5 = ...	0 = -----

☐ S'inscrire à un club :

— Cercle des jeunes naturalistes

— Club des petits débrouillards

— Club 4-H

— Scouts et guides

— Club d'astronomie

Tous ces clubs et de nombreux autres te permettront de mieux connaître la nature et de pratiquer des activités à l'extérieur

MES IDÉES

DES IDÉES DE THÈMES

Semaine de la santé

DES IDÉES DE THÈMES

- Les saisons :
    - — le printemps, renouveau
    - — l'été, belle saison
    - — l'automne, temps de la récolte
    - — l'hiver, temps de repos

- Le jour de l'An (Saint-Sylvestre)

- La fête des Rois
  dissimuler une fève dans un gâteau. Celui qui la trouve
  dans son morceau est le roi (ou la reine) de la journée

- Le carnaval

- La Saint-Valentin
  échanger de jolies cartes

- Mardi gras et temps du carême
  jour des crêpes (chandeleur)

- Pâques
  le matin au réveil, trouver les œufs de chocolat que le
  lapin de Pâques a astucieusement cachés durant la nuit

- La cabane à sucre

- Le premier avril :
    - — les poissons
    - — les farces et attrapes

☐ L'anniversaire de...

☐ La fête des Mères

☐ La fête des Pères

☐ La Saint-Jean-Baptiste
tout en bleu et blanc!
préparer un petit questionnaire sur le Québec

☐ La fête du Canada
tout en rouge et blanc évidemment

☐ Les vacances :
— la plage et la mer
— la montagne
— les voyages
— le camping
— les sorties estivales

☐ La rentrée scolaire

☐ Le marché

☐ Les récoltes :
— l'épluchette de blé d'Inde
— le temps des pommes
— le temps des fraises
— le temps des bleuets
— le temps des framboises

☐ L'Action de grâces

☐ L'halloween :
— les monstres, fantômes et sorcières
— les maisons hantées

☐ La tire Sainte-Catherine

☐ L'avent

☐ Noël :
— comment se fête Noël dans les autres pays ?
— légendes de Noël
— la crèche

☐ La nature

☐ La botanique :
— les plantes
— l'arbre et la forêt
— les utilisations de l'arbre (bois, papier)
— les utilisations des plantes (coton, riz)
— les plantes alimentaires
— les plantes comestibles et non comestibles
— le jardinage
— le terrarium ou la mini-serre
— les fleurs
Voir DES IDÉES DE RESSOURCES

☐ Les animaux :
— les oiseaux
— les mammifères
— les poissons
— les animaux préhistoriques
— les insectes et les papillons
— la ruche et l'abeille
Voir DES IDÉES DE RESSOURCES

☐ Les éléments naturels :
— l'eau
— le feu
— le vent

☐ La terre :
— le désert
— le pôle Nord
— la jungle
— la savane
— la montagne et le volcan
— l'océan
— les continents

☐ Le ciel :
— l'astronomie
— les étoiles et les constellations
— l'observatoire

☐ La ferme

☐ Le pique-nique

☐ Le terrain de jeu

☐ Les marionnettes

☐ Le cirque

☐ La magie et le prestidigitateur

☐ La ville et la campagne

☐ Notre école

☐ Les olympiades

☐ Le zoo

☐ La géographie :
— le monde
— le système solaire et les planètes
— les ressources minérales
— les cartes géographiques et les cartes routières

☐ La météo :
— les nuages
— l'observation du temps
— les tornades, les raz-de-marée
Voir DES IDÉES DE RESSOURCES

☐ Les sciences :
— les grandes découvertes
— les machines, les outils et les instruments
— les inventions
— les expériences scientifiques *(Petit Débrouillard)*
— l'expo-sciences
— les ordinateurs
— le microscope et le télescope

☐ L'espace :
— l'exploration de l'espace
— les fusées, les navettes et les satellites
— les stations spatiales

☐ L'habillement et le vêtement :
— selon les saisons
— selon les époques
— selon les pays
— la mode

☐ L'homme et ses origines

☐ Le corps humain et la santé :
— comment est fait notre corps ?
— l'hygiène
— la santé et la maladie
— la médecine ou comment soigner
— le tabagisme et les drogues
Voir DES IDÉES DE RESSOURCES

☐ L'alimentation :
— les fruits et les légumes
— les produits laitiers
— les viandes, les volailles et les poissons
— les céréales
— les dents et leur hygiène

☐ Les moyens de transport :
— l'automobile, le camion et le garage
— les motos et les vélos
— les trains et la gare
— les avions et l'aéroport
— les bateaux et le port

☐ Les moyens de communication :
— la télévision et le vidéo (comment choisir les émissions de télévision)
— le téléphone
— la poste et le courrier
— la radio
— les satellites
— l'ordinateur

☐ Le livre :
— le dictionnaire
— la bibliothèque
— le conte, la poésie
— le journal (article de journal, éditorial, compte rendu, reportage, annonces classées, chronique)
— la bande dessinée

☐ Les jeux et les passe-temps :
— les collections
— les jeux de société
— les sports
— l'artisanat
— les jeux de patience

☐ Les histoires vraies
biographies de personnes célèbres

☐ Les métiers :
— pompier, policier
— gardien d'enfants
— plombier, électricien, plâtrier
— garagiste
— docteur, notaire, avocat
— caissier, vendeur

☐ Le théâtre et le cinéma
caméra et appareil-photo

☐ Les industries :
— une pâtisserie, une fromagerie
— les usines
— comment fonctionnent les machines ?

☐ L'habitation :
— la maison
— selon les pays
— selon les époques
— sortes : immeuble, palais, cabane, motel

☐ La consommation :
— les achats et les dépenses
— les économies
— l'argent de poche
— l'honnêteté

☐ La sécurité :
— à la maison
— avec les médicaments
— dans la rue
Voir DES IDÉES DE RESSOURCES

☐ L'heure et le temps qui passe :
— les montres et les horloges
— mesurer le temps qui passe (heure, jour, année)
— l'organisation du temps
— l'ancien temps (comment on vivait autrefois)
— l'histoire
— le futur

- ☐ La famille
  l'arbre généalogique

- ☐ Les arts :
  — la peinture
  — les couleurs
  — comment dessiner

- ☐ La musique :
  — les instruments de musique et l'orchestre
  — lire la musique
  — l'histoire de la musique
  — jouer d'un instrument
  — la fanfare
  — les genres de musique — classique, jazz, rock
  — la chanson

- ☐ La danse
  le ballet

- ☐ La paix et la guerre :
  — les disputes
  — la bonne entente
  — l'entraide
  — la politesse et la bienséance

- ☐ Les gens :
  — les Esquimaux, les Indiens, les Chinois (d'autres nationalités)
  — les cow-boys et le « Far-West »
  — les autres langues (anglais, espagnol)
  — la tolérance

- ☐ Les religions :
  — qui est Jésus ? Que nous enseigne-t-il ?
  — l'Église et les sacrements (première communion)
  — l'histoire sainte
  — les autres religions
  — les fables de La Fontaine et leurs morales

☐ Les rêves

☐ L'énergie

☐ Les sentiments :
   — égoïsme, serviabilité, paresse, curiosité, honnêteté
   — destruction, bonté, méchanceté, cruauté, affection
   — gourmandise, mensonge, colère, gentillesse, bonheur
   — vanité, déception, excitation, fierté, peur
   — enthousiasme

☐ Les filles et les garçons

☐ Viens découvrir... (un pays)

☐ Les aventures

☐ La semaine de l'épargne
   les économies

MES IDÉES

DES IDÉES DE SORTIES

DES IDÉES DE SORTIES

Voici des suggestions de sorties ou d'après-midi récréatives gratuites ou peu dispendieuses.

☐ Observer des animaux :
— visiter un zoo, particulièrement à l'heure où l'on nourrit les animaux
— s'approcher des animaux domestiques sur une ferme
— aller dans un parc où les animaux sont en liberté pendant qu'on est dans la voiture

☐ Visiter une ferme :
— ferme laitière : s'informer sur la façon de traire les vaches et d'entreposer le lait
— ferme avicole : observer les différentes sortes d'oiseaux et le système de couveuses
Voir DES IDÉES DE RESSOURCES

☐ Visiter un aquarium
par exemple l'aquarium de Montréal ou de Québec

☐ Visiter une réserve faunique
comme le sanctuaire d'oiseaux du cap Tourmente pour les oies blanches

☐ Se rendre dans une animalerie (là où l'on vend des animaux)

☐ Visiter un apiculteur

☐ Se promener à dos de poney

☐ Aller à la SPCA pour adopter un petit compagnon

☐ Fréquenter des ateliers d'artistes ou des galeries d'art

- [ ] Visiter un musée des sciences :
  — avec des expériences à faire soi-même, par exemple le Musée des sciences à Toronto
  — avec des squelettes de dinosaures, par exemple à New York ou au Royal Ontario Museum
  — spécialisé, comme le musée de l'électricité à Longueuil

- [ ] Visiter un musée d'art
  — avec des tableaux, des sculptures
  — de cire
  — avec une exposition de crèches, à Noël
  — lors d'un vernissage

- [ ] Aller voir une exposition :
  — artistique
  — agricole
  — scientifique

- [ ] Aller au cirque

- [ ] Assister à un spectacle de marionnettes

- [ ] Assister à un spectacle de magie

- [ ] Aller entendre un concert

- [ ] Aller voir un spectacle d'improvisations

- [ ] Assister à un spectacle de patin sur glace

- [ ] Voir un spectacle de danse :
  — folklorique (de chez nous ou d'autres pays)
  — de ballet
  — de jazz, de danse moderne
  — de compétition de danse sociale

□ Voir une pièce de théâtre pour enfants

□ Assister à une conférence avec des diapositives comme
« Les grands explorateurs »

□ Découvrir les coulisses d'un théâtre

□ Assister à un spectacle de ballet pour enfants comme
Casse-Noisette

□ Voir un feu d'artifice (à la Saint-Jean ou le 1er juillet)

□ Assister à une parade

□ Cueillir :
— des fraises
— des pommes
— des fruits sauvages

□ Pique-niquer sur l'herbe

□ Aller à la plage :
— se baigner
— faire des châteaux de sable
— ramasser des coquillages

□ Organiser une randonnée pédestre en forêt :
— observer les plantes, les arbres, les oiseaux, les
photographier
— se promener dans les sentiers aménagés

□ Organiser une randonnée en montagne
ne pas oublier d'apporter des jumelles

☐ Marcher dans les sentiers d'interprétation de la nature
on les trouve dans les parcs provinciaux, près des
montagnes ou des boisés, parfois même en pleine ville

☐ Visiter un jardin botanique

☐ Visiter un marché de jardiniers

☐ Visiter un marché de fleurs

☐ Se promener :
— dans un parc pour enfants
— sur la rue
— dans les centres d'achats, les rues de boutiques
— sur les sites touristiques

☐ Visiter une église :
— une cathédrale
— une basilique
— un oratoire

☐ Aller voir la crèche à l'église

☐ Se rendre dans une abbaye,
par exemple celle de Saint-Benoît-du-Lac

☐ Visiter un cimetière

☐ Découvrir le fonctionnement d'un journal ou d'une
imprimerie

☐ Visiter un moulin à papier

☐ Visiter un moulin à vent, un moulin à aubes

☐ Connaître une industrie qui fabrique :
  — des beignes
  — des bagels, par exemple la Manufacture de bagels à Montréal
  — du pain (une boulangerie)
  — du fromage (une fromagerie)
  — des conserves (une conserverie)
  — des chocolats, par exemple la chocolaterie des pères trappistes à Mistassini
  — des petits gâteaux, par exemple la pâtisserie Vachon dans la Beauce

☐ Visiter des laboratoires de recherches

☐ Fréquenter la bibliothèque municipale de nombreuses bibliothèques ont un programme d'activités culturelles : heure du conte, pièce de théâtre, rencontre avec des écrivains

☐ S'inscrire à une joujouthèque (ludothèque)

☐ Visiter un magasin de jouets

☐ Courir l'halloween

☐ Manger au restaurant :
  — restaurant pour enfants (de type Mc Donald)
  — restaurant de cuisine étrangère (chinoise, vietnamienne ou autre)
  — prendre un brunch le dimanche matin

☐ Prendre une boisson froide sur des terrasses en été

☐ Manger à la cabane à sucre

☐ Visiter une autre ville

☐ Se promener en autobus et en métro dans la ville

☐ Visiter un site historique,
par exemple le fort Chambly, à Chambly

☐ Visiter l'édifice du Parlement à Ottawa

☐ Explorer le « vieux » quartier d'une ville

☐ Visiter un château
par exemple le Château Frontenac, à Québec, ou le
Manoir Richelieu, dans Charlevoix

☐ S'arrêter dans une auberge

☐ Participer au carnaval de Québec
voir les sculptures de glace

☐ Faire un tour de manège
à « La Ronde » ou lors d'une fête foraine

☐ Observer les décorations dans les vitrines des grands
magasins au temps des fêtes
prendre le petit train du père Noël
rencontrer le père Noël

☐ Visiter le quartier chinois d'une grosse ville ou un quartier
d'une autre nationalité

☐ Aller au cinéma

☐ Connaître l'endroit où papa (ou maman) travaille

☐ Visiter des amis ou des parents

☐ Visiter un cabinet de dentiste

☐ Visiter une caserne de pompiers

☐ Découvrir des studios de télévision

☐ Assister à l'enregistrement d'une émission de télévision

☐ Visiter un observatoire astronomique,
par exemple l'observatoire de Lac-Mégantic

☐ Se rendre au planétarium

☐ Visiter une mine,
par exemple à Thetford Mines

☐ Se rendre à la gare pour voir les trains

☐ Aller dans un port voir les bateaux

☐ Voir des écluses

☐ Prendre le traversier

☐ Partir en mini-croisière
croisière d'observation des baleines

☐ Visiter un aéroport, observer les avions

☐ Flâner chez les antiquaires, chez les marchands de jouets
anciens

☐ Faire un petit tour d'avion de type « Cessna »

☐ Assister à un spectacle aérien

☐ S'amuser dans les glissades d'eau d'un village nautique

☐ Aller dans les magasins de livres et de disques usagés
les enfants peuvent alors apporter un peu d'argent de
poche pour leurs petites dépenses

☐ Faire des courses dans un marché aux puces
là aussi il est amusant pour l'enfant de dépenser quelque
argent de poche et de connaître ainsi la valeur de l'argent
et les transactions commerciales

☐ Participer aux activités de différents festivals :
— festival de feux d'artifice
— festival de montgolfières

☐ Participer à une journée « portes ouvertes »
dans les universités, écoles vétérinaires, hôpitaux, écoles

☐ Visiter un Salon :
— Salon des passe-temps
— Salon du livre
— Salon de l'artisanat
— Salon de l'enfant

☐ Aller dans une boutique Info-Santé ou Santé 2000

☐ S'inscrire à un club
scout, sportif, culturel, scientifique.
Le coût d'inscription est souvent minime et ces clubs
offrent beaucoup d'activités et d'animation pour les jeunes

☐ Privilégier le sport :
— assister à une partie de hockey, de baseball, de
  football, de soccer, un tournoi de judo ou de karaté
— tour de chaloupe, de canot, de bateau
— patinage à roulettes (paladium) ou sur glace
— sortie de pêche
— sortie de ski, de raquette
— sortie d'équitation
— faire de la luge ou glisser en soucoupe
— aller nager à la piscine
— match de tennis, de badminton
— jouer au ballon-volant ou à un autre jeu de ballon
— aller voir ou participer à un marathon

☐ Se payer une longue sortie
aller dans un camp de vacances !
Il y a des camps de jour, des camps familiaux,
des camps spécialisés — musical, équestre ou autre —,
des camps bilingues
Voir DES IDÉES DE RESSOURCES

MES IDÉES

DES IDÉES POUR L'ORGANISATION D'UN ANNIVERSAIRE OU D'UNE FÊTE

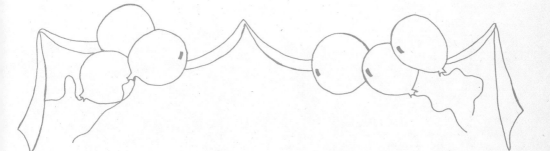

DES IDÉES POUR L'ORGANISATION D'UN ANNIVERSAIRE OU D'UNE FÊTE

1- L'INVITATION OU LA CARTE DE REMERCIEMENT

☐ Fabriquer des cartes
  Voir la FICHE-BRICO sur des idées d'articles à fabriquer pour donner en cadeau

☐ Gonfler des ballons, inscrire sur chacun avec un feutre indélébile la date, l'heure et l'endroit de la fête puis les dégonfler et les poster dans des enveloppes (ne pas oublier d'inclure une note disant de le gonfler !)

☐ Mettre une enveloppe-réponse affranchie et adressée au nom de l'enfant, qui ainsi recevra un abondant courrier !

☐ Écrire l'invitation sur un napperon de papier de la fête

☐ Envoyer l'invitation sur des cartes postales (illustrant un pays chaud si le thème de la fête est « ambiance des îles », par exemple)

☐ Inviter autant d'enfants que le nombre d'années célébrées (exemple : 6 ans = 6 invités)

☐ Photographier le groupe à la fête et envoyer une copie de la photo en guise de carte de remerciement. Ce sera un souvenir très apprécié !

☐ Faire une bonbonnière à donner en cadeau souvenir aux invités
  Voir la FICHE-BRICO sur des idées d'articles à fabriquer pour donner en cadeau

☐ Faire signer un livre d'autographes souvenirs

2- L'AMBIANCE OU LE DÉCOR

Faire une fête sur un thème précis. Y assortir les chapeaux, les foulards, les jeux et le repas.

☐ Idées de thèmes :
   — le cirque
   — les métiers
   — l'ambiance Walt Disney
   — l'ancien temps
   — « beach party »
   — garden-party
   — pyjama-party
   — ambiance électrique
   — ambiance monstre
   — ambiance rock'n roll des années 1950
   — autres pays
   — l'ère spatiale (les robots)
   — les personnages de bandes dessinées ou de contes de fées
   — épluchette de blé d'Inde
   — brunch western
   — mini-kermesse
   — cow-boys et Indiens (soirée Lucky Luke !)
   — les pirates
   — réveillon

☐ Ambiance générale :
   — prévoir des chapeaux pour chaque invité
   — fabriquer des papillotes-pétards ou des papillotes-cadeaux en y introduisant un biscuit, un horoscope, une babiole, un chapeau

☐ Voici quelques exemples sur la façon d'assortir au thème les éléments de la fête

Ambiance « monstre »

   — décorer avec le noir, l'orange, le rouge, le gris, le violet
   — utiliser du papier vitrail ou du papier crépon

— éclairage : lumières noires, crânes lumineux, lampions, citrouille lumineuse
— fumée d'encens
— suspendre des toiles d'araignée, des chauves-souris et des araignées
— bouquets de feuilles et de fleurs séchées (éviter les tresses d'ail !)
— préparer des surprises de la pleine lune !
squelette dans le placard
bruits d'un autre monde enregistrés sur cassette
(hululement de la chouette, hurlements de loup,
souffle de vent hurlant, chaînes, porte qui grince, pas lourds et lents)
— buffet « Chez Dracula » ou « Chez Hulk »
— nappe violette et grise avec quelques araignées ou autres charmantes bestioles pour décorer (vous en trouverez dans les magasins de farces et attrapes)
— servir des aliments tels que le jus de tomate, le jus de raisin, les oranges sanguines
— on peut donner aux aliments des noms amusants tels que :
pudding au chocolat = boue du marais
truffes en chocolat = crottes de sorcières
demi-œuf à la coque = œil du vampire
compote de pommes = bave de crapaud
sandwichs-fantômes (découpés en forme de fantôme)
tartelette aux fraises = tartelettes de Dracula

Ambiance électrique

— utiliser du papier fluorescent (on peut en recouvrir les abat-jour pour créer un effet spécial)
— planter dans des demi-patates des bouquets de feux de Bengale
— créer des effets de lumière avec un stroboscope
— faire une nappe dans du papier crépon noir et décorer de motifs géométriques fluorescents
— bruitage de tonnerre
— servir des aliments tels que les éclairs au chocolat, la salade 10 000 volts, les hors-d'œuvre électrisants

Ambiance des îles

— fabriquer un gros soleil en carton
— utiliser des couleurs claires, le bleu pâle, l'aqua, le pêche, le sable
— utiliser des matières naturelles comme le liège, le raphia, le jute, des perles de bois, des cageots de fruits, des plantes vertes, des paniers d'osier
— décorer les murs avec des serviettes de plage ou des foulards à motifs exotiques
— placer des fruits en plastique, un totem, suspendre un filet de pêche, des coquillages, des posters des pays chauds (voir les agences de voyages)
— décorer avec des parasols et des parapluies de golf
— mettre un rideau de bambou à l'entrée
— faire la carte d'une île imaginaire et la poser sur le mur
— fabriquer des pailles en forme de mini-palmier ou de mini-parasol

— jeu de l'île musicale : le même que celui de la chaise musicale excepté qu'au lieu d'utiliser des chaises on utilise des îles découpées dans le carton et collées sur le plancher avec du ruban adhésif
— buffet de la plage Bora-Bora
— invitation sur carte postale : « Bienvenue sur l'île secrète X. Prière de laisser le mauvais temps au vestiaire. Tenue de plage exigée. »
— suspendre des guirlandes de fleurs
— servir des aliments tels que des biscuits aux épices, du yogourt aux fruits frais, du gâteau à la noix de coco, de la salade de fruits
— servir les aliments dans des ananas coupés en 2 et évidés, des melons évidés ou des noix de coco

Atmosphère Rock-n Roll

— afficher d'anciens posters d'Elvis ou d'autres vedettes du rock, de vieilles publicités de Coca-Cola
— milk-bar « Chez Jœ »
— utiliser des bancs hauts de type tabourets
— mettre une enseigne au néon
— organiser un grand concours d'imitation en « lipsing »

3- FICHE-BRICO : LES DÉCORATIONS

Pâques

☐ Décorer avec des œufs :
— mettre les œufs sur de petits trépieds
— les suspendre, faire un mobile
— les mettre dans un panier
Voir DES IDÉES D'ACTIVITÉS INTÉRIEURES à la section Arts plastiques

☐ Fabriquer un poster représentant un jardin de tulipes

☐ Fabriquer une poule ou un coq comme centre de table
matériel : coquille d'œuf vide, rouleau de papier
hygiénique, papier construction, colle, peinture et pinceaux

☐ Suspendre des ballons pastel, surtout roses, vert tendre et
jaune poussin

☐ Fabriquer une famille de canards :
— avec des cure-pipes
— avec de petits galets

□ Faire une guirlande de fleurs

bande de papier collant

□ Réaliser une petite corbeille ou un panier

berlingot de lait découpé

□ Bricoler un lapin articulé

□ Fabriquer une bonbonnière en forme d'œuf

□ Accrocher des rameaux et des petites croix

Saint-Valentin

☐ Suspendre des ballons roses et rouges

☐ Confectionner des petits paniers en forme de cœur

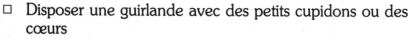

couper

☐ Disposer une guirlande avec des petits cupidons ou des cœurs

bande de papier collant

☐ Suspendre un mobile avec des cœurs

Halloween

☐ Préparer une lampe-potiron
on place une bougie ou un lampion dans la citrouille

□ Fabriquer une affiche avec des sorcières

————*franges en papier de soie*

□ Construire un panneau décoratif
utiliser un contre-plaqué recouvert de papier. Dessiner un
arbre puis coller de vraies feuilles séchées et quelques
petites branches. Ajouter une chouette ou un hibou
découpé dans une revue

□ Créer des chauves-souris :
— avec du papier crépon noir ou du plastique noir (de
sac à ordures)

plier et coller

— avec du papier construction noir ou gris

☐ Suspendre des ballons noirs, gris, violets ou orange. Les décorer

☐ Construire un squelette
matériel : du carton blanc léger et pliable, des ciseaux, de la ficelle, de la colle et une agrafeuse

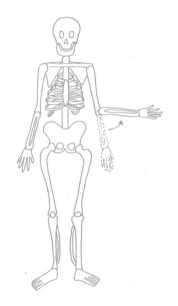

☐ Fabriquer un crâne lumineux
utiliser une grosse boîte de conserve que l'on découpe avec des ciseaux à métal. Mettre une bougie à l'intérieur ou s'en servir comme abat-jour sur une petite lampe

☐ Dessiner un fantôme avec des chaînes et un boulet

☐ Dessiner un chat noir sur une clôture

☐ Fabriquer une araignée géante et sa toile
matériel pour l'araignée : des cure-pipes, du carton et du
ruban adhésif transparent
matériel pour la toile : de la cordelette et des petits clous

☐ Faire d'horribles yeux
couper l'extrémité d'un oignon et le peindre avec un peu
de peinture rouge liquide. On obtient des yeux injectés de
sang

Noël et le temps des fêtes

☐ Fabriquer une boule ou une cloche de Noël en papier
mâché

☐ Faire une étoile suspendue
on peut la recouvrir avec du papier doré, du papier
d'aluminium, du gros sel, de la ouate, des paillettes, du
papier chiffonné ou du papier crépon

☐ Mettre de la neige artificielle dans les fenêtres en utilisant
des pochoirs

☐ Faire des guirlandes :
— de houx
— avec du maïs soufflé et des canneberges

— d'étoiles

nouilles en boucles peintes

☐ Fabriquer des petits anges ou des petits chanteurs
matériel : des boules de styromousse, du papier
construction, des paillettes, de la ouate, du papier doré, de
la laine, des ciseaux, de la colle et du ruban adhésif
transparent

☐ Confectionner une couronne de Noël :
— avec un cintre de métal et des bandelettes de plastique
(sac à ordures ou autre de couleur).
Il suffit de former un cercle avec le cintre, de découper
des bandelettes de plastique puis de les nouer sur le
cintre

attacher

— avec un cerceau de carton fort ou de bois que l'on
recouvre de tissu, de cocottes, de branches de sapin,
de canneberges, de noix

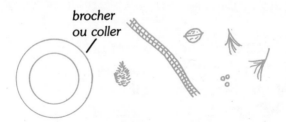

— avec une boîte d'œufs vide coupée en 2 sur le long et
une guirlande de métal qu'on trouve dans le
commerce

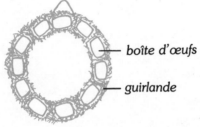

☐ Fabriquer un calendrier de l'avent
matériel : assiette de carton, papier construction, ciseaux,
colle ou ruban adhésif transparent, attache parisienne

☐ Suspendre des bas de Noël

☐ Confectionner un petit sapin
matériel : plats de styromousse lavés (comme ceux qui contiennent de la viande hachée), une base de bois, une tige en bois (goujon), des ciseaux
Technique :
1- fabriquer d'abord la base en insérant un goujon d'environ 30 cm (12 po) dans une base en bois
2- découper ensuite des ronds de différents diamètres dans des emballages de styromousse
3- enlever de petites pointes dans chaque cercle
4- empiler ensuite les plateaux découpés, en débutant par les plus larges et en terminant par les plus petits
5- décorer avec des paillettes

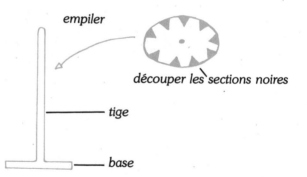

☐ Disposer la crèche et les santons sous l'arbre

☐ Construire un petit village

4- DES IDÉES DE CADEAUX

Voici une série d'idées de cadeaux qui plairont à coup sûr.

☐ Boîte à musique

☐ Belles boîtes pour ranger des trésors

☐ Petits bijoux, bijoux de famille,
   barrettes ou rubans pour les cheveux

☐ Cache-oreilles amusants

☐ « T-shirt » amusant

☐ Pantoufles amusantes

☐ Petite sacoche, petite valise

☐ Sac au dos

☐ Draps, couvre-lit ou serviette de fantaisie

☐ Tapis de peluche

☐ Lampe de poche

☐ Petite table et petite chaise (droite ou berçante)

☐ Retailles de tissu, feutres, boules de styromousse pour
   fabriquer des marionnettes

☐ Marionnettes et castelet

☐ Maison et mobilier de poupée

☐ Poupées en costumes de différents pays

☐ Casse-tête

☐ Jeux de construction

☐ Pâte à modeler

☐ Dés de différentes grosseurs

☐ Assortiment de papier à bricolage

☐ Décalques, pochoirs

☐ Feuilles blanches et papier carbone

☐ Articles d'école de fantaisie (crayons, ciseaux, gomme à effacer)

☐ Chevalet et matériel d'artiste

☐ Peinture aux doigts, gouache, peinture par numéros

☐ Tableau et craies

☐ Jeu d'imprimerie

☐　Tampon encreur et estampes

☐　Toupie

☐　Panier à pique-nique

☐　Ensemble de petit pâtissier

☐　Napperon, assiette ou tasse

☐　Jeu de mémoire

☐　Jeu « Échelles et serpents »

☐　Animal en peluche

☐　Toise (charte de grandeur)

☐　Petite tente

☐　Globe avec neige

☐　Pelle à neige

☐　Dictionnaire, livre d'histoires

☐　Abonnement à une revue pour jeunes
par exemple *Hibou, Coulicou, Zip, Je me Petit Débrouille,
Vidéo-Presse*

☐ Agenda, journal intime

☐ Mini-lampe pour lire au lit

☐ Cahier à colorier ou d'activités

☐ Crayons de cire ou crayons feutres à l'eau

☐ Instrument de musique :
    — flûte en bois
    — petite guitare
    — xylophone
    — harmonica

☐ Disques d'enfant ou cassettes

☐ Aquarium

☐ Loupe

☐ Balance

☐ Aimant

☐ Boussole

☐ Chronomètre

☐ Jumelles

☐ Thermomètre, baromètre et autres pour monter une petite station de météorologie

☐ Télescope, microscope

☐ Globe terrestre et atlas géographique

☐ Radio

☐ Petite horloge ou réveille-matin

☐ Sachets de graines, terre et petit pot à fleurs

☐ Petits outils de jardinage

☐ Mangeoire d'oiseaux à monter et guide d'identification

☐ Matériel pour collections :
— pour une collection de roches
Voir DES IDÉES DE RESSOURCES
— sélection de timbres et album

☐ Jeu d'échecs, de dames

☐ Machine à écrire

☐ Appareil-photo

☐ Visionneuse ou petit projecteur

☐ Montre

☐ Articles de sport
Voir DES ACTIVITÉS DE PLEIN AIR pour les idées de sports

☐ Petit bibelot ou figurine

☐ Ballon, superballe rebondissante

☐ Sac de billes

☐ Yoyo, corde à danser

☐ Parfum, petits savons

☐ Cerf-volant

☐ Tapis pour faire des culbutes

☐ Outils de menuisier

☐ Charrette en bois

☐ Jeu de poches ou de croquet

☐ Porte-monnaie avec un peu d'argent de poche

☐ Matériel pour construire une boîte à savon

☐ Modèles à coller : fusée, avion, auto

☐ Posters

☐ Trousse de magie

5- DES EMBALLAGES ORIGINAUX

☐ Bandes dessinées

☐ Dessins d'enfants

☐ Coller un petit jouet ou une babiole sur le dessus

☐ Avec un ballon en guise de chou

☐ Mettre des fleurs séchées sur l'emballage

☐ Remplacer le chou par de petits éventails

☐ Fabriquer un bonhomme en carton de grandeur réelle et l'habiller (avec les vêtements que l'on donne en cadeau, bien sûr !)

☐ Utiliser du papier métallique

☐ Papier journal

☐ Faire un montage avec des photos de revues

☐ Mettre dans une boîte de conserve

☐ Décorer la boîte en maisonnette

☐ Cacher le cadeau dans un sac décoré

☐ Mettre dans un ballon gonflé, s'il s'agit d'un tout petit objet

☐ Placer un petit objet dans un cylindre de carton (rouleau de papier essuie-tout ou de papier hygiénique vide) que l'on décore en fusée, en gros bonbon

6- LES JEUX DE FÊTES

☐ Faire un lancer de ballon. Écrire un message que l'on place dans un ballon. Gonfler à l'hélium et laisser *dehors* s'envoler

☐ Exécuter des petits tours de magie

☐ Monter un mini-spectacle de marionnettes

☐ Chanter en groupe

☐ Jouer au bingo

☐ Croquer une pomme dans un baquet d'eau

☐ Se baigner

☐ Faire un feu de camp le soir

☐ Danser :
— en groupe
— faire des rondes
— de tous les styles (rock, valse, folklore)
— en passant sous une corde (limbo)
— avec un balai pour un nombre impair d'invités ; lorsque le balai frappe par terre, tous les couples doivent changer de partenaire
— attacher un ballon gonflé à la cheville de chaque enfant. Pendant la danse, les enfants doivent tenter de faire éclater les ballons de leurs voisins sans faire écraser le leur. Le gagnant est le dernier qui aura conservé son ballon intact

□ **Chaussure à son pied**
les enfants mettent leurs chaussures dans un grand sac.
Bien mêler. Chaque joueur tire alors une chaussure et doit
la remettre à son propriétaire. Si son choix est bon, il
rejoue. S'il se trompe, celui qui a été désigné joue

□ **La chaise musicale**
prévoir autant de chaises que d'invités moins une.
Disposer les chaises en cercle. Les enfants doivent tourner
autour au son d'une musique, et quand la musique
s'arrête chacun doit s'asseoir. Celui qui ne trouve pas de
place est éliminé puis on recommence en enlevant une
chaise à chaque fois

□ **Le sac de noix et l'écureuil**
tous les joueurs sont en cercle sauf un qui tient dans sa
main une noix. Il circule autour et dépose soudain la noix
derrière quelqu'un. Il y a alors poursuite

□ **La liste**
diviser les enfants en 2 groupes. Donner à chaque équipe
la même liste d'objets à réunir dans un sac. Le premier
groupe qui recueille tous les objets est gagnant

□ **Jeu de l'âne**
on a un dessin d'âne sur un grand carton collé au mur.
Un joueur aux yeux bandés doit placer la queue de l'âne
à l'endroit qu'il croit le bon. Variante : dessiner un
squelette auquel il manque un bras

□ **L'éléphant bizarre**
dessiner un éléphant sur un carton, puis découper les
différentes parties de son corps : tête, trompe, oreilles,
pattes et queue. Seul le corps demeure sur un carton. Les
yeux bandés, chaque joueur doit placer un morceau en
suivant les indications de ses amis. À la fin, on obtient un
animal plus ou moins ressemblant. On peut constituer 2
ou 3 équipes dont la gagnante est celle qui réussit à
reproduire le mieux l'éléphant

☐ La chenille ou le train

☐ Ronde « Le chat et la souris »

☐ Jeu du casse-tête
former des équipes. Les joueurs reçoivent pêle-mêle les morceaux d'un casse-tête qu'ils doivent assembler aussi vite que possible. C'est la course contre la montre ! Ces casse-tête peuvent être :
— un casse-tête ordinaire
— les morceaux d'un squelette à reconstruire pour une réception d'halloween
— des morceaux d'animaux à reconstruire pour l'ambiance « cirque »

☐ Les métiers et outils
sur des petits papiers, inscrire des noms de métier et sur une autre série de papiers les outils correspondants (jardinier-râteau, peintre-pinceau). Chaque enfant tire un papier. Celui qui a choisi un métier doit le mimer devant les autres. Dès que l'enfant qui possède l'outil correspondant se reconnaît, il rejoint son partenaire. On peut chronométrer les mimes

☐ Les cris
bander les yeux de tous les enfants.
Diviser les enfants en 2 groupes. Chuchoter à l'oreille de chacun le nom d'un animal en répétant le même nom à 2 personnes différentes. Disperser ensuite les enfants sur une grande surface. Au signal, chacun émet le cri que fait son animal et cherche à rejoindre son pair en reconnaissant le bon son dans le tintamarre

☐ Je me déguise
2 joueurs ou 2 équipes. On a besoin de 2 séries de vêtements identiques ou semblables. On peut alors utiliser une des courses suivantes :
— le premier qui réussit à tout mettre
— mettre le plus grand nombre de vêtements et accessoires en un temps limité
— course de relais

☐ La bascule !

☐ Pigeon vole
établir des listes par thème et les proposer très vite aux
enfants. Il faut lever la main si la proposition est vraie et la
tenir baissée si elle est fausse. Celui qui se trompe est
éliminé.
Exemple : ce qui vole
pigeon vole (lève la main), chaise vole, canari vole (lève la
main), nappe vole
on peut prendre ce qui se boit, ce qui se mange, ce qui
nage

☐ La pêche miraculeuse
prendre des petits cadeaux assez légers emballés dans du
papier et entourés d'une petite attache en forme de boucle
(prendre des trombones).
Mettre dans un grand baquet ou panier à linge. Fabriquer
de petites cannes à pêche appropriées.
Chaque invité pêche un cadeau dès que son nom a été
tiré au sort.

☐ Petite fanfare improvisée
avec des cuillères, des casseroles, des verres remplis ou
non d'eau, des petits instruments de musique jouets

☐ Ma tante Emma
il s'agit de chanter une petite comptine « Ma tante Emma
est morte hier au soir, qui sera dans le club pour toucher
l'héritage ? Et un petit pas par en avant, et un petit pas sur
le côté droit, et un petit pas sur le côté gauche et un petit
pas par en arrière ! » Faire beaucoup de facéties durant
cette comptine que chacun doit répéter exactement. Mais
seuls ceux qui feront un geste précis seront acceptés dans
le club (par exemple, se gratter le nez avant la comptine
ou autre)

☐ Jeux de société s'il y a peu d'enfants

☐ Petit questionnaire
former 2 équipes. Préparer une série de questions de
connaissances générales. Chaque bonne réponse vaut
1 point

☐ Les ballons-surprises
écrire des instructions sur de petits papiers et les placer
dans des ballons que l'on gonfle et suspend. Tout au long
de la fête, chaque invité doit crever un ballon et faire ce
qui y est indiqué

☐ Pour une autre activité très calme, faire visionner une
cassette vidéo avec un court film associé au thème de la
fête (Mickey Mouse si l'ambiance est Walt Disney, film
d'halloween pour l'ambiance monstre)

☐ Mini-casino (jeu de roulette, de dés)

☐ L'assassin
s'asseoir en cercle pour le jeu.
On distribue des cartes. Celui qui a le valet de pique est
l'assassin et celui qui a le roi de cœur est le détective. Le
détective se déclare et sort de la pièce. Le « crime » se fait
à la noirceur ou les yeux fermés. L'assassin se lève
silencieusement, circule, puis dit tout bas à une personne
de son choix : « Je te tue ». La victime s'étend à terre en
poussant un cri d'épouvante. L'assassin retourne s'asseoir
à sa place (après le cri, on compte de 12 à 15 secondes).
On rallume la lumière et l'enquête débute. Le détective
arrive et pose des questions à chacun (sauf au mort qui
fait le mort !). Tout le monde doit dire la vérité, sauf le
coupable qui peut mentir. Il y a ensuite accusation jusqu'à
ce qu'on trouve l'assassin qui alors se démasque

☐ Jeu des sensations fortes !
placer dans un sac un objet à toucher et laisser croire à
celui qui touche (mais ne voit pas) qu'il s'agit de quelque
chose d'autre. Exemples : on place des spaghetti froids et
on dit que ce sont des vers, le chou-fleur devient un
cerveau de rat, de la saucisse un doigt. Utiliser de la
gélatine, une tomate-cerise, des raisins

☐ Jeu de l'assiette
le groupe forme un cercle. Attribuer à chacun un numéro.
Un joueur prend une assiette incassable et la fait tourner
au centre puis crie un numéro au hasard et va se rasseoir
à sa place. Celui qui a ce numéro doit se dépêcher
d'attraper l'assiette avant qu'elle ne soit tombée.
S'il échoue, il est éliminé et s'il réussit, c'est à son tour de
faire tourner l'assiette par terre

☐ J'achète mon goûter (ou la vente aux enchères) :
1- dans du tissu, préparer un petit sac par enfant
(rectangle plié, cousu sur les côtés avec une coulisse
sur les bords et une cordelette pour fermer le sac).
Remplir les sacs d'un nombre identique de « Smarties »
de même couleur
2- sur un carton fort, faire un gros tableau d'équivalence :
1 vert   = 2 rouges
1 rouge   = 2 jaunes
1 jaune   = 4 roses
3- indiquer le prix des aliments avec des ronds de
couleur. Exemple : 1 sac de chips = 1 rouge + 1
jaune
4- bien expliquer le jeu. Distribuer ensuite les sacs. Faire
un petit kiosque d'aliments « extra » comme des
croustilles, des cacahuètes, des chocolats
5- on peut organiser des jeux qui permettent de gagner
des « Smarties » supplémentaires
6- bien indiquer aux enfants que l'on joue comme dans la
vraie vie puisque chaque sac représente un porte-
monnaie. Pour éviter les chapardages, préciser que
celui qui en commet se verra retiré du jeu et n'aura
plus qu'à manger sa monnaie d'échange !
7- au lieu des aliments, on peut faire une petite enchère
avec de petites babioles

☐ Organiser un petit concours
faire deviner le nombre de bonbons contenus dans une
jarre. Chaque invité inscrit sur un papier son nom et le
nombre de bonbons qu'il croit que la jarre contient.
Inscrire le nombre exact dans une enveloppe scellée. Celui
qui aura le chiffre le plus rapproché gagne un prix

☐ Petit spectacle d'ombres chinoises
suspendre un drap avec une ficelle et des épingles à linge
et installer une lampe allumée à environ 1 mètre (3 pi)
derrière le drap.
Il ne reste plus qu'à créer un petit spectacle qui peut être :
— ombres chinoises conventionnelles
— opérer un patient et retirer des parties de son corps
(pour fête de l'halloween). On découpe les formes
dans du carton
— charmer un serpent (et même se faire mordre !)

☐ Fabriquer d'horribles formes gluantes

Métriques	Ingrédients	Impériales
250 ml	farine	1 tasse
60 ml	sel	¼ tasse
	huile (un peu)	
	eau (un peu)	
quelques gouttes	colorant	quelques gouttes

Préparation
Bien mélanger tous ces ingrédients dans un bol. Ajouter assez
d'eau pour que la substance se travaille bien puis façonner en
formes horribles. On peut fabriquer ainsi des formes que l'on
fait sécher dans un endroit chaud (comme un four tiède) et
les utiliser comme décoration, bijou ou souvenir à rapporter !

☐ Les photos de bébés
chaque joueur apporte une photo de lui lorsqu'il était
bébé. Les photos sont numérotées et fixées au mur. Les
joueurs écrivent sur un papier le nom qui correspond
selon eux à chacune des photos. Le gagnant est celui qui
identifie correctement le plus de photos

☐ Offrir un prix pour le chapeau le plus original

☐ Si l'on offre des prix pour différents jeux, penser à des prix
de consolation pour les invités qui n'auront rien gagné

☐ Les prix-surprises de présence
numéroter autant de papiers qu'il y a d'invités (6 invités =
6 papiers, de 1 à 6). Placer ensuite chaque papier dans un
ballon gonflé et suspendre le bouquet de ballons ainsi
formé. Acheter des petits cadeaux, les emballer et les
numéroter de la même manière que les papiers. Tout au
long de la fête, on invite chaque enfant à crever un ballon
et à se mériter un cadeau. On s'assure ainsi que chaque
invité a reçu au moins un prix

☐ Voir *DES IDÉES D'ACTIVITÉS INTÉRIEURES* à la section *Les jeux
collectifs et de détente pour :*
— le téléphone arabe
— chaud-froid-tiède
— l'adverbe caché
— ni oui, ni non
— colin-maillard
— Jean dit

☐ Voir *DES ACTIVITÉS DE PLEIN AIR pour :*
— la course au trésor
— « Trois fois passera » suivie de tire-la-corde
— des idées de courses
— la compétition de modèles réduits

7- LE REPAS D'ANNIVERSAIRE

Voici quelques idées de repas d'anniversaire.
Composer le menu à partir de cette liste et compléter les
détails en consultant le carnet sur les idées pour cuisiner et
manger en s'amusant.

☐ Sandwichs :
  — les découper en pointes ou selon des formes associées
     au thème de la fête
  — utiliser du pain blanc, brun ou de couleur pour plus de
     variété et d'originalité
  Variétés :
  — au pâté de viande (de type « Cordon Bleu »)
  — aux cretons
  — aux œufs
  — au beurre d'arachide
  — à la viande froide
  — au fromage
  — à la salade de poulet ou de thon

☐ Les classiques :
  — hot-dogs
  — hamburgers
  — pogos ou sous-marins

☐ Mini-pizza « sourire »
  composer un visage sur la pizza en utilisant des rondelles
  de saucisses fumées, du pepperoni, des carottes, des
  cornichons, des tomates-cerises, des morceaux de céleri,
  du piment, des olives, des raisins secs, des tranches de
  viandes froides ou du bacon découpé, des bâtonnets de
  fromage

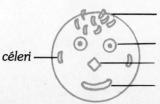

céleri

fromage râpé

olives

viande froide découpée

bâtonnet de fromage

☐ Faire des brochettes

Brochette repas
fromage en cubes
cornichon, olive
viande froide pliée
tomate-cerise
rondelle de concombre
rondelle de carotte
chou-fleur, brocoli
champignon

Brochette dessert
banane
ananas
quartier d'orange
morceau de melon
cerise
raisin
fraise
guimauve

☐ Salade :
— de laitue
— de macaroni
— au riz
— crémeuse au chou
— taboulé (semoule, persil, oignons, tomates)
— aux carottes (de Jeannot Lapin)
— aux épinards (de Popeye)

☐ Croustilles :
— arachides
— bretzels
— mélange de noix et de fruits confits
— maïs soufflé

☐ Offrir des bonbons dans une bonbonnière

☐ Faire choisir un chocolat dans une grosse boîte de chocolats assortis

☐ Griller des guimauves sur un feu de camp

☐ Préparer du « fudge »,
du sucre à la crème

☐ Fruits et légumes présentés de façon originale et amusante
(extrait du dépliant du ministère des Affaires sociales du
Québec « Une fête d'enfants avec des fruits et des
légumes, c'est bon, bon, bon ! » disponible dans les
CLSC)
Exemple : La coccinelle
Ingrédients : 1 tomate-cerise
               1 moitié de raisin bleu
               2 clous de girofle
Préparation
Enlever la calotte de la tomate-cerise + ⅓ sur la
longueur. Couper la moitié du raisin et fixer à la tomate à
l'aide d'un bout de cure-dent. Tailler 4 petits carrés dans
le reste de la peau du raisin et disposer sur la tomate puis
piquer 2 clous de girofle pour faire les yeux

On trouvera également dans ce dépliant :
— La souris (avec une poire)
— La chenille (champignons et concombre)
— Le hibou (avec une pomme)
— La reine-carotte (poivron et carotte)
— Le bélier (un brocoli)
— Le porc-épic (ananas et raisins)
— Le gâteau d'anniversaire (oranges et raisins)

☐ Givrer les verres
plonger le bord des verres dans du blanc d'œuf battu en
neige, puis plonger dans du sucre en poudre.
Laisser durcir

☐ Servir de la limonade

☐ Préparer du thé glacé

☐ Biscuits :
— en forme d'animaux
— petit bonhomme en pain d'épice
— chinois avec horoscopes
  Messages suggérés :
— tu vas avoir une dispute avec un(e) ami(e)
— il te faudrait adopter un petit animal
— tu vas rencontrer un camarade très sportif
— prends du soleil, tu es trop pâle
— il faudrait faire un peu de calcul tous les jours
— choisis soigneusement tes amis
— aucun souci à te faire, belle journée en perspective
— prends de l'avance ; ne fais pas tout au dernier
  moment
— n'abuse pas des friandises ; attention à tes dents
— évite de prendre froid
— demain matin, bois un jus de fruits frais
— complète ta collection ou commences-en une
— on va te confier des responsabilités importantes
— un ami avec qui tu es fâché va se réconcilier avec toi
— fais une petite sieste cet après-midi
— ne mange pas trop vite
— une petite amie va t'écrire bientôt
— n'oublie pas d'écrire à ta grand-mère
— tu vas devenir très riche au jeu de billes
— es-tu sûr de n'avoir rien oublié à la maison ?
— tu vas faire de grands progrès en orthographe
— ne compte pas trop sur les promesses qu'on t'a faites
— ce soir, cherche la constellation de la Grande Ourse
  dans le ciel
— le coiffeur sera ravi de te voir
— pense à renouveler ta provision de crayons feutres
— lève-toi de bonne heure demain matin

☐ Menu international : mettre de petits drapeaux indiquant la
provenance de chaque mets

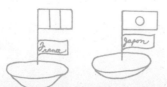

◻ Baguettes de pain ou petits pains farcis

◻ Cornets de crème glacée

◻ Le gâteau d'anniversaire
bien sûr, une fête n'est pas une fête sans un gâteau !
Voici ici quelques idées pour fabriquer de très beaux
gâteaux de formes diverses en n'utilisant que 3 moules de
base :

1 rond	1 carré	1 rectangulaire
20 ou 23 cm	23 cm	22 sur 33 cm
(8 ou 9 po)	(9 po)	(9 sur 13 po)

Ainsi, il n'est pas nécessaire d'acheter des moules de
formes spéciales et qui ne servent que rarement. Je
suggère ici quelques recettes maison mais on peut utiliser
n'importe quel mélange à gâteau (commercial ou maison)
et un glaçage bien crémeux

◻ Gâteau doré

Métriques	Ingrédients	Impériales
125 ml	shortening	½ tasse
250 ml	sucre blanc	1 tasse
60 ml	cassonade	¼ tasse
2	œufs	2
500 ml	farine	2 tasses
10 ml	poudre à pâte	2 c. à thé
1	pincée de sel	1
5 ml	vanille	1 c. à thé
175 ml	lait	¾ tasse

Préparation
Bien mélanger tous les ingrédients avec une mixette.
Cuire environ 50 minutes à 180°C (350°F)

☐ Gâteau au chocolat vite fait

Métriques	Ingrédients	Impériales
250 ml	biscuits « Ritz » écrasés (environ 30 biscuits)	1 tasse
250 ml	farine	1 tasse
250 ml	sucre	1 tasse
45 ml	cacao	3 c. à table
5 ml	bicarbonate de soude	1 c. à thé
250 ml	eau froide	1 tasse
125 ml	huile végétale	½ tasse
15 ml	vinaigre	1 c. à table
5 ml	vanille	1 c. à thé
125 ml	noix hachées	½ tasse

Préparation
Bien mélanger les ingrédients secs puis ajouter les liquides et bien brasser. Incorporer les noix, si désiré. Faire cuire de 25 à 30 minutes à 180°C (350°F)

☐ Glaçage crémeux

Métriques	Ingrédients	Impériales
2	œufs	2
375 ml	sucre à glacer	1½ tasse
1	pincée de sel	1
125 ml	eau	½ tasse
5 ml	vanille	1 c. à thé

Préparation
Battre 5 minutes au bain-marie

☐ Glaçage au beurre

Métriques	Ingrédients	Impériales
125 ml	beurre	½ tasse
1,125 l	sucre à glacer	4½ tasses
1	œuf	1
5 ml	vanille	1 c. à thé
30 ml	lait	2 c. à table

Préparation
Battre 5 minutes au bain-marie

☐ Le cœur

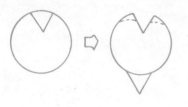

☐ L'ange

☐ L'arbre de Noël

☐ La montgolfière

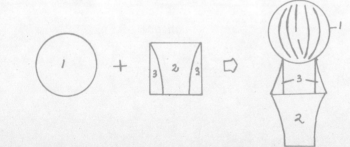

☐   **Le clown**

réglisse

☐   **Le lapin**

☐   **Le voilier**

réglisse ou bâtonnet
de menthe et chocolat

☐   **Le château**

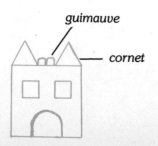

guimauve

cornet

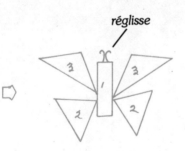

MES IDÉES

DES IDÉES
POUR CUISINER ET
MANGER EN S'AMUSANT

DES IDÉES POUR CUISINER ET MANGER EN S'AMUSANT

Les collations-surprises !

☐ Lait brassé aux bananes (ou autre fruit)

Métriques	Ingrédients	Impériales
2	bananes	2
1	œuf	1
500 ml	lait	2 tasses
5 ml	vanille	1 c. à thé
5 ml	germe de blé	1 c. à thé

Préparation
Bien brasser tous les ingrédients au mélangeur et servir immédiatement

☐ Muffins

☐ Céréale d'écureuil (du type croque-nature)
graines de tournesol
noix mélangées
fruits confits
noix de coco en morceaux
raisins secs

☐ Yogourt

☐ Pop-banane au chocolat
éplucher les bananes puis les couper en 2 dans le sens de la largeur. Enfoncer un bâtonnet dans chaque demi-banane puis tremper celle-ci dans du chocolat fondu et saupoudrer de morceaux de cacahuètes. Mettre sur une plaque à biscuits et placer 2 heures au congélateur avant de servir

☐ Jus de légumes et de fruits

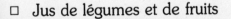

☐ Banane hawaïenne
banane enroulée de yogourt puis roulée dans des noix
hachées et du coco râpé. Faire 2 yeux avec des petites
guimauves et mettre une cerise en guise de chapeau

☐ Sorbet glacé aux pêches

Métriques	Ingrédients	Impériales
125 ml	jus d'orange	½ tasse
1 enveloppe	gélatine	1
125 ml	sucre	½ tasse
1	pincée de sel	1
250 ml	pêches en purée	1 tasse
375 ml	yogourt nature	1½ tasse

Préparation
Faire gonfler la gélatine 5 minutes. Ajouter le jus, le sucre et
le sel, chauffer environ 2 minutes. Incorporer les pêches et le
yogourt puis bien mélanger.
Mettre dans un moule peu profond. Laisser au congélateur
environ 45 minutes. Battre ensuite au malaxeur puis verser
dans des moules à « popsicle » et remettre au congélateur
environ 2 heures avant de servir

☐ Sorbet au chocolat

Métriques	Ingrédients	Impériales
1 paquet	pouding instantané « Jello » au chocolat	1 paquet
750 ml	lait	3 tasses
1	œuf	1

Préparation
Bien brasser tous les ingrédients au mélangeur et déposer
dans des contenants à « popsicle ». Placer au congélateur
environ 2 heures avant de servir.
Donne 12 sucettes nourrissantes et savoureuses !

☐ Sucettes glacées au yogourt

Métriques	Ingrédients	Impériales
25 ml	gélatine	5 c. à thé
75 ml	jus d'orange	¼ tasse
1	banane en morceaux	1
375 ml	yogourt aux fruits	1½ tasse
5 ml	germe de blé	1 c. à thé

Préparation
Dissoudre la gélatine dans l'eau bouillante, puis ajouter les autres ingrédients en mêlant bien. Verser le mélange dans des moules à sucettes et mettre au congélateur environ 3 heures avant de servir

☐ Fourmis sur un billot
garnir des morceaux de céleri avec du fromage à tartiner et parsemer de raisins secs

☐ Maïs soufflé

☐ Fromage en cubes et craquelins

☐ La crème glacée maison !

Métriques	Ingrédients	Impériales
6	jaunes d'œufs	6
175 ml	sucre	¾ tasse
1	pincée de sel	1
500 ml	lait chaud	2 tasses
500 ml	crème 35%	2 tasses
	choix de parfums :	
5 ml	vanille	1 c. à thé
	OU	
2 carrés	chocolat mi-amer	2 carrés
	OU	
500 ml	fraises	2 tasses

Préparation
Mélanger les trois premiers ingrédients au bain-marie puis ajouter ensuite le lait chaud, le parfum choisi et la crème. Mettre le tout dans une sorbetière à crème glacée ou une baratte et bien battre

❑ Pommes au caramel

Métriques	Ingrédients	Impériales
397 g (1 paquet)	caramels « Kraft »	14 onces (1 paquet)
30 ml	eau	2 c. à table
5	grosses pommes	5
5	bâtonnets de bois	5

Préparation

Faire fondre l'eau et le caramel dans un bain-marie jusqu'à l'obtention d'une sauce onctueuse. Piquer un bâtonnet au cœur de chaque pomme et les plonger dans la sauce.
Enrober et déposer sur une plaque à biscuits graissée.
Réfrigérer jusqu'au moment de servir.
Au micro-ondes : faire fondre à température « élevée » environ 3 minutes

❑ Bâtonnets de sésame

❑ Haricots en forme de fleur

❑ Former un visage avec une tranche de pomme et des raisins secs sur les céréales

❑ Saucisse et pâte Pill'sbury forment un bonhomme dans un sac de couchage

❑ Soupe alphabet

❑ Servir le repas sur un nouveau napperon pour enfant ou un napperon qu'il aura lui-même fabriqué
Voir DES IDÉES D'ACTIVITÉS INTÉRIEURES à la section des Arts plastiques

☐ L'œuf western
placer l'œuf sur une tranche de pain ou le faire cuire dans
un trou pratiqué dans une tranche de pain pour donner
un effet de cible

☐ Mettre la collation dans un petit sac décoré au nom de
l'enfant

☐ Présenter un « goûter mystère » dans une boîte de
plastique décorative

☐ Mettre les œufs à la coque dans des coquetiers

☐ Couper les sandwichs ou le pain grillé en formes diverses
(utiliser des coupe-biscuits)

☐ Servir du chocolat chaud avec des mini-guimauves

☐ Pommes coupées en 2 et présentées en bébés hérissons
avec des amandes émincées

☐ Biscuits « feux de circulation »
(utiliser les couleurs rouge, jaune et vert)

gelée à la menthe
marmelade
confiture aux fraises

☐ Champignons « magiques »

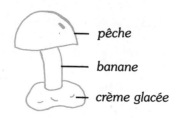

— pêche
— banane
— crème glacée

☐ Les cigares sans fumée
viandes froides garnies et roulées

☐ Petits gâteaux individuels
faire cuire de la pâte à gâteau dans des cornets à crème glacée. Décorer avec des « Smarties », des jujubes, des petits bonbons

☐ « Jello » fantaisie :
— le clown

— guimauve
— ananas

— Jello de diverses couleurs

— le pot de fleurs

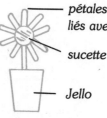

— pétales en guimauve liés avec du glaçage

— sucette

— Jello

Voici des suggestions d'activités culinaires pour initier les enfants à cuisiner.

☐ Découper des biscuits à l'emporte-pièce

☐ Décorer un gâteau

☐ Inventer une salade

☐ Préparer une salade de fruits

☐ Tartiner du pain grillé

☐ Disposer les aliments d'un mini-buffet
fromage en cubes, viandes froides roulées, crudités,
marinades

☐ Créer une céréale nature « granola » avec des noix, des
raisins secs, des dattes, des graines de tournesol, du gruau

☐ Garnir un croque-monsieur

☐ Disposer les hors-d'œuvre ou les crudités

☐ Faire un sous-marin

☐ Arranger les brochettes de fruits ou d'aliments froids

☐ Farcir les petits pains

☐ Garnir les céleris de fromage fondu

Voir DES IDÉES POUR L'ORGANISATION D'UN ANNIVERSAIRE à la
section Le repas d'anniversaire pour :
— la mini-pizza « sourire »
— les brochettes repas et les brochettes dessert
— les verres givrés

MES IDÉES

DES IDÉES DE LIVRES

DES IDÉES DE LIVRES

Peut-être ce livre vous aura-t-il donné le goût d'en savoir plus sur un sujet ou un autre ? Vous trouverez dans ce chapitre une bibliographie commentée classée par sujets.

1- BRICOLAGES

☐ *J'invente mes cadeaux sans maman*
de Sacha Frisching, Éd. Sylvie Messinger, 1982
Regroupe une vingtaine d'idées de bricolages pour des cadeaux. Chaque bricolage est expliqué de façon détaillée et illustré

☐ *Que faire aujourd'hui ?*
Tome 1 — *Pour filles, 100 idées de jeux*
Tome 2 — *Pour garçons, 100 idées de jeux*
de L. Nichols et D. Clark
Éditions Hachette, 1973
Malgré leurs titres sexistes, ces livres sont très bien documentés. Pour chaque bricolage ou jeu à fabriquer, on a le dessin final et les explications étape par étape. De plus les activités proposées n'ont pas qu'un but décoratif mais sont réellement pratiques et amusantes pour les jeunes

☐ « Usborne pratique »
Éditions Usborne, 1975
Quelques titres intéressants :
— *Les Marionnettes*
— *Impression et peinture*
— *Bricolages en papier*
— *Les Maquettes d'avions*
Cette série de livres s'adresse aux enfants et convient même très bien pour les tout jeunes. Très bien documentées et abondamment illustrées, les explications sont claires et faciles. Une des séries que je préfère !

☐ *La Fête des fleurs*
de Geneviève Ploquin
Éditions Fleurus, série 101, 1975
Explique comment faire des fleurs avec plusieurs matériaux différents

☐ « Des activités manuelles pour le temps des loisirs »
Éditions Manu-Presses, 1979
Quelques titres intéressants :
— *À l'école des fleurs*
— *Les Marionnettes*
— *Jouer à fabriquer ses jeux*
— *Le Papier mâché*
— *La Pyssanka (l'œuf de Pâques ukrainien)*
— *Fabriquer vos poupées*
— *Décorer par impressions*
— *L'Aquarelle*
Il s'agit d'une collection complète regroupant tous les aspects de
l'artisanat et des loisirs manuels. Je ne donne que les titres que
j'ai trouvé les plus utiles mais il y en a beaucoup d'autres selon
les intérêts (abat-jour, émaux, patchwork, macramé). Cette série
s'adresse à des enfants plus âgés

☐ « Activités loisirs »
Éditions Hachette, 1977
Quelques titres intéressants :
— *Vive le modelage!*
— *Vive la couleur!*
— *Vive les cadeaux!*
— *Vive les papiers!*
— *Vive la nature en 100 objets!*
— *Vive la laine!*
— *Vive le tissu!*
— *Vive les collages!*
Cette collection convient pour les enfants de tout âge et même
les tout jeunes. On y trouve des explications étape par étape et
de nombreuses illustrations

☐ *Bricolages de fêtes*
de Sabue Lohf
Éditions Casterman, 1986
Une vingtaine d'idées de bricolages pour la période des fêtes
(Noël et jour de l'An). Chaque bricolage est illustré en couleurs
et expliqué

☐ *Ornements de fête*
de Geneviève Ploquin
Éditions Fleurus, série 101, 1979
Bricolages pour des décorations de Noël et de Pâques

☐ *De la brouette au module*
de G. Ploquin
Éditions Fleurus, 1971
Montages de différents moyens de transport avec explications et
photos du produit terminé

☐ *Joyeux papiers*
de M. Héron et collaborateurs
Éditions Gallimard, 1975
Bonnes suggestions de pliage de papier

☐ *Origami*
de R. Harbin
Éditions de l'Homme, 1972
L'art du pliage du papier. De très nombreux modèles expliqués
étape par étape

2- JEUX

☐ *Jeux d'extérieur*
De J.P. Mouvier et C. Neuville
Éditions Dessain et Tolra, 1986, Éditions Manu-Presses
Nombreux jeux pour l'extérieur avec illustrations, plans et
explications. Bonnes trouvailles

☐ *1001 idées pour occuper vos enfants de 4 à 14 ans*
de C. Gourlat
Nouvelles Éditions Marabout, 1985
Des idées de jeux et d'activités surtout intérieures.
Beaucoup de jeux européens qui ne sont pas adaptés
ou peu connus ici

☐ *Jouer en voyage*
de Maurice Pipard
Collection Kinkajou, Éditions Gallimard, 1974
Des jeux tranquilles pour occuper les enfants dans la voiture

☐ *Détectives et agents secrets*
de Françoise Leperine
Collection Kinkajou
Éditions Gallimard, 1976

- ☐ Éditions du Chanteclerc, 1980
  Quelques titres intéressants :
  — *À quoi jouer ?*
  — *Mots croisés*
  — *100 jeux amusants*
  — *Devinettes, charades et histoires drôles*
  — *Devinettes, labyrinthes et jeux*
  — *Comment devenir espion ?*
  — *Farces, blagues et tours*
  Très amusants !

- ☐ *100 jeux musicaux*
  de Ger Storms
  Classiques Hachette — Van de Velde — 1984
  Des jeux musicaux à faire sous la supervision d'un adulte car ils
  doivent être dirigés. Conçu en particulier pour l'école. Très
  instructif et formateur ! Voici quelques titres extraits de la table
  des matières :
  — Jouer avec la musique et les sons
  — Jeux développant les aptitudes personnelles
    (d'écoute, de concentration, tests)
  — Jeux développant la sociabilité
    (d'approche, de communication)
  — Jeux développant l'esprit créatif
    (expression, improvisation)

3- TOURS DE MAGIE

- ☐ *Les Secrets du magicien*
  de José Garcimore
  Collection Kinkajou, Éditions Gallimard, 1976

- ☐ *Les Ateliers du magicien*
  de Jacques Delord
  Éditions G.P., 1976
  Livre du petit illusionniste. Un véritable magicien dévoile ses
  tours aux jeunes. Illustré à l'aide de photos

- ☐ *La Magie en s'amusant*
  de Geoffrey Cowan
  Éditions R.S.T., 1975

☐ *Tours de magie*
Usborne pratique, 1975
Tours simples et bien illustrés

4- EXPÉRIENCES SCIENTIFIQUES

☐ Québec Science Éditeur
Série : « Les Petits Débrouillards »
Quelques titres intéressants :
— *Le Petit Débrouillard*, 1981
— *Les Voyages fantastiques de Globulo*, 1982
— *Jardinez avec le professeur Scientifix*, 1982
— *66 nouvelles expériences pour les petits débrouillards*, 1983
— *Encore des expériences !*, 1985
— *L'Animalerie des petits débrouillards*, 1985
— *Les Petits Marmitons*, 1986
Une collection vraiment fantastique pour faire découvrir aux
jeunes le monde des sciences à l'aide de petites expériences
scientifiques simples, faciles à réaliser et demandant un matériel
peu coûteux que l'on trouve dans toute maison

☐ *Jouer avec les sciences de la nature*
Hans Jurgen Press
Éd. Dessain et Tobra, 1976
200 expériences curieuses et faciles

☐ *Expériences alimentaires*, 1987
65 expériences scientifiques, 1986
Héritage Jeunesse Éditeur
Expériences du Centre des sciences de l'Ontario

☐ *Les Expériences*
Série Usborne pratique

5- CUISINE DES ENFANTS

☐ *Apprends à te nourrir*
de Judy Tatchell et Dilys Wells
Éditions du Pélican, 1986
Un livre extrêmement bien documenté et bien présenté aux
enfants, sur les aliments, la saine alimentation, l'hygiène
dentaire et les maladies liées à l'alimentation. Pour les enfants
d'environ 10 ans ou moins, si lu avec un adulte

□ *La Cuisine des petits*
de Ann Rocard et Claire Nadaud
Éditions Hachette Jeunesse, 1986
30 recettes pour mieux manger, adaptées pour les enfants.
Répond aussi à des questions comme :
— Pourquoi ne mange-t-on pas quand on veut ?
— Où trouve-t-on les vitamines ?
— Que se passe-t-il si on ne prend pas un bon petit déjeuner ?
— Dans le monde, est-ce que l'on mange partout les mêmes
aliments ?

□ *21 recettes de Pomme d'api*
Éditions Centurion Jeunesse, 1982
Recette détaillée à gauche de la page et exécution avec photos
à droite

□ *Comment nourrir son enfant,* 1974
La Sage Bouffe, 1984
La Boîte à lunch, 1973
de Louise Lambert-Lagacé
Éditions de L'Homme
Pour les mamans qui se soucient de leur santé et de celle des
leurs, ces livres apportent plein d'idées nouvelles tout en
appliquant les principes de la diététique à la popote quotidienne

6- PSYCHOLOGIE DES ENFANTS

□ *Le Livre des parents*
de Harold Bessel et Thomas P. Kelly
Éditions Novalis, 1979
Un livre centré sur les comportements de l'enfant et les étapes
du développement émotif. Propose un programme global
centré sur l'enfant pour aider le parent à relever le défi de
l'enfant, en particulier sur le plan de la maturité affective

□ *Mieux comprendre les petits problèmes de nos enfants*
de Monique et Gérard Bennets
Éditions Albin Michel, 1983
Dans un langage clair et bien documenté, les auteurs expliquent
ce que signifient diverses attitudes — impolitesse, jalousie, accès
de rage, etc. — et comment nous pouvons réagir pour éduquer
l'enfant et mieux le comprendre

☐ *Tout se joue avant 6 ans*
de Fitzhugh Dodson
Éditions Robert Laffont, 1970
Collection Marabout Service
Un guide dans l'art d'être parent de la naissance à 6 ans. Insiste surtout sur les domaines intellectuel et psychologique

☐ *Comment vraiment aimer votre enfant*
du Dr Ross Cambell
Éditions Orion, 1979
L'auteur décrit dans un style simple les moyens qui, mis en pratique par les parents, permettront à l'enfant de développer une personnalité harmonieuse

7- DIVERS

☐ *Ouf ! Vive les enfants !*
de Kathleen Touw
Les Éditions du Printemps, 1981
Un livre donnant des conseils pratiques et une foule de trucs pour économiser temps, argent et énergie en élevant les enfants

☐ *Let's Decorate !*
Wilton yearbook of cake decorating
Wilton Enterprises, USA, 1987
Ce livre donne des centaines d'idées de gâteaux et de décorations de gâteaux. La réalisation est très bien expliquée, étape par étape

MES IDÉES

DES IDÉES
DE RESSOURCES
GRATUITES OU
PEU COÛTEUSES

DES IDÉES
DE RESSOURCES GRATUITES OU
PEU COÛTEUSES

Beaucoup de choses sont disponibles pour nos enfants à peu de frais et même gratuitement ! Connaissez-vous ces ressources ?

☐ Pour de la documentation sur l'arbre, des brochures et des posters sur les conifères, les feuillus, les utilisations de l'arbre et sa croissance
Gratuit
Ministère des Mines, de l'Énergie et des Ressources
Direction des communications
200, chemin Sainte-Foy, 7e étage
Québec (Québec) G1R 4X7
(418) 643-8060 ou 1-800-463-4558

☐ Pour des fiches sur les animaux. Il y en a environ 60 au total mais on n'en envoie que 10 à la fois
Gratuit
Service canadien de la faune
Voir les pages bleues de l'annuaire téléphonique

☐ Pour le poster sur le lait « franchement meilleur ! »
Gratuit
Union des producteurs agricoles (UPA)
section Fédération des producteurs de lait du Québec
Québec : (418) 872-0770
Montréal : (514) 679-0530

☐ Pour des documents sur les poumons et le tabac
Gratuit
On peut se procurer aussi des napperons
« Mieux respirer pour mieux vivre » (28 sur 38 cm)
(11 sur 15 po)
au coût de 6,00$ pour 100 napperons.

Association pulmonaire du Québec 1173, boul. Charest Ouest Bureau 240 Québec, (Québec) G1N 2C9	Association pulmonaire du Québec 3440, de l'Hôtel-de-Ville Montréal (Québec) H2X 3B3

◻ Pour le livre à colorier éducatif : *Les Aventures de Plutus et Saturnien* sur la sécurité des produits domestiques. Apprend aux enfants à connaître la signification des symboles sur les étiquettes
Gratuit
Consommation et Corporation Canada
Sécurité des produits
112, Dalhousie, local 300
Québec (Québec) G1K 4C1

◻ Pour obtenir une pochette « Moi j'aide » qui apprend à l'enfant les premiers soins. La pochette contient un guide pour l'instructeur (professeur, parent ou autre), un cahier illustré éducatif pour l'enfant, 10 affiches-conseils et un macaron-récompense
Coût : 8,68$
Ambulance Saint-Jean
405, boul. de Maisonneuve Est
Montréal (Québec) H2L 4J5
(514) 842-4806

◻ Pour les professeurs, il existe à la Croix-Rouge 2 dossiers sur la sécurité :
Dossier « Sécurité à bicyclette »
Coût : Guide du maître 6,00$
      32 dépliants pour les élèves 24,00$

Dossier « La prudence, un jeu d'enfant »
contient le guide du maître, une affiche et des jeux éducatifs sur la sécurité
Coût : 12,00$
Croix-Rouge
a/s Services de secourisme
1205, boul. Charest Ouest
Québec (Québec) G1N 2C9
ou
2170, boul. René-Lévesque Ouest
Montréal (Québec) H3H 1R6

◻ L'Office national du film (ONF) met à votre disposition un ensemble de films gratuits. Demander le catalogue des films. Consulter les pages bleues de l'annuaire

□ Pour obtenir l'annuaire des camps de vacances, l'annuaire des bases de plein air ou le guide culturel : « Allez voir comme c'est beau ! »
Gratuit
Ministère des Loisirs, de la Chasse et de la Pêche
Direction des communications
9530, rue de La Faune
Charlebourg (Québec) G1G 5H9
(418) 622-0296
ou (pour les 2 premiers documents)
Association des camps du Québec
4545, av. Pierre-de-Coubertin
C.P. 1000, Succ. M
Montréal (Québec) H1V 3R2
(514) 252-3113

□ Pour le cahier d'activités : « La Science c'est pour tout l'monde ! » (70 pages)
On y trouve 3 types d'animation : des expériences, des activités et des jeux, tous à caractère scientifique. S'adresse aux éducateurs, animateurs, professeurs, parents et autres personnes ressources, en quête d'idées nouvelles pour amuser les jeunes tout en les instruisant
Coût : 2,00$
Conseil de développement du loisir scientifique
4545, avenue Pierre-de-Coubertin
C.P. 1000, Succ. M
Montréal (Québec) H1V 3R2
(514) 252-3027

□ Pour une pochette documentaire « Découvrons la météo » qui comprend :
1- Cartographie de la météo
   Série de cartes accompagnées d'exercices. Décrit les fluctuations du temps et fournit des statistiques pour 50 localités canadiennes
2- Apprenons à connaître la météo
   Brochure documentaire sur les techniques d'observation et de prévision de la météo. Projets scolaires suggérés
3- Apprenons à connaître les nuages
   Tableau descriptif des nuages
Coût : 4,95$ chaque pochette
Cat. no : EN5653/1983F
Centre d'édition du gouvernement du Canada
Ottawa (Ontario) K1A 0S9

☐ Pour obtenir 2 jeux :
  1- « Oh Canada 2 ! », jeu de société sur le bilinguisme, enfants de 8 à 12 ans
  2- « Explorations », jeu de société sur les différentes langues parlées dans le monde, enfants de 12 ans et plus
  Gratuit
  Bureau du commissaire aux langues officielles
  Département des renseignements
  Ottawa (Ontario) K1A 0T8
  (613) 995-7717

☐ Pour obtenir une collection minière.
  2 collections sont disponibles :
  Collection 36 éclats de minéraux avec brochure explicative et affiche. *Coût de 4,00$ + taxe prov.*
  Collection de 36 éclats de roches avec brochure explicative et affiche. *Coût de 4,00$ + taxe prov.*
  Le paiement doit être fait à l'avance sous forme de chèque ou mandat-poste à l'ordre du Receveur général du Canada
  Énergie, Mines et Ressources Canada
  601, rue Booth
  Ottawa (Ontario) K1A 0E8

☐ Pendant le mois national de la philatélie (actuellement en février), on peut obtenir une pochette d'initiation à la philatélie. Chaque pochette contient un module pédagogique pour l'éducateur, une brochure pour l'enfant « Les plaisirs de la philatélie », un projet scolaire sur la création de timbres et un certificat de mérite pour ce projet
  Gratuit
  Il suffit de contacter vers le mois de février :
  Postes Canada
  Services à la clientèle
  Voir les pages bleues de l'annuaire téléphonique

On peut aussi se procurer les 2 documents complémentaires :
— Mes amis, mon jardin
   no de catalogue H49-3/1976F
   Coût : 4,50$
— Mes amis, mon jardin
   Coût : 2,00$
Écrire au : Centre d'édition du gouvernement du Canada
             Ottawa (Ontario) K1A 0S9

MES IDÉES

DES CHOSES À NE PAS JETER

assiettes de carton ou d'aluminium
bandes élastiques
bâtons de sucettes glacées
bijoux démodés
bobines de fil vides
boîtes d'œufs
boîtes vides de toutes sortes (à chausssures, de jus de fruits,
    d'allumettes)
boîtes de conserve vides
bouchons de bouteilles
bouchons de liège
bouteilles d'eau de Javel vides
bouteilles d'eau minérale vides
bouts de corde ou de ficelle
boutons
cartons de lait vides
cartons légers provenant d'emballages divers
catalogues et publicités imagées de toutes sortes
chaussettes ayant perdu leur élasticité
contenants d'aliments vides (riz, yogourt pour jouer à l'épicier)
coquilles de noix
coquilles d'œufs vides
couvercles de pots
enveloppes
feuilles de papier dont l'endos est blanc
papiers de formes, tailles et textures différentes (journaux,
    revues, de soie, d'emballage)
peignes qui ne servent plus
plateaux de styromousse qui servent à l'emballage des
    aliments
plumes
retailles de tissu
restes de papier peint
rouleaux de carton provenant du papier hygiénique ou du
    papier essuie-tout
timbres du courrier reçu
trombones
vêtements démodés, vieux chapeaux pour jouer à se déguiser

DES CHOSES UTILES À AVOIR SOUS LA MAIN !

agrafeuse
assiettes de carton
attaches parisiennes
bandes élastiques
boules d'ouate
boules de styromousse
brosses à dents
ciseaux
colle à papier, liquide ou en bâton
colorant à aliments
coupe-formes à biscuits
crayons de toutes sortes : cire, bois, au plomb, feutres, pastels
cure-dents
cure-pipes
épingles à linge
éponges
feutrine
ficelle ou cordelette
gobelets de papier
gomme à effacer
jeu de cartes
mitaines
napperons en dentelle de papier
pailles
paillettes
papier collant
papiers de toutes sortes et textures : construction, carbone,
      crépon, de soie, blanc
peinture, gouache
pinceaux
pneus (en faire une balançoire extérieure)
poinçon à papier
règle
roues de bicyclette ou de carrosse
sacoches, sacs à main, clés inutiles et boîtes de maquillage
      vides pour jouer à la dame
serviettes de papier

Achevé Imprimerie
d'imprimer Gagné Ltée
au Canada Louiseville